仕事と人生が
100倍うまくいく!

「喜び」と「怖れ」の法則

恒吉彩矢子
Tsuneyoshi Ayako

きこ書房

あなたは、
人生を**根こそぎ**変えたいと思っていますか？

もし、そうでなければ、このまま本を閉じてください。
人生を根こそぎ変える覚悟がなければ、
決してこの本を読まないでください。

始まり

入社3年目の春にして、
おれは人生に絶望し切っていた。

会社では先輩にイジメられて難儀な仕事ばかりを押し付けられる。

2年付き合った彼女には半年前にフラれた。

勢いにまかせて投資に手を出し、大損こいたために、ローン返済で家計は逼迫している。

そのうえ、まだ25歳だというのに、腰痛がひどくて、朝起きるのがつらい日も多い。

なのに大学時代の友達たちは、「仕事が面白くてたまらない」とか、「二股かけているのがバレちゃったよ」と何気に自慢したりと、景気のよい人生を謳歌しているらしい。

会うたびにそんな話を聞かされるのがキツくて、誘いを断っているうちに、この頃ではメールも来なくなった。

自業自得だとは思うのだが、友達まで失ってしまったのだ。

でも、まだ友達はいい。友達は選べるし、これから作ることもできる。

けれど、会社の上司や同僚はそうはいかない。

やってきた人とうまく合わせるしかないのだ。

けれど、この4月からおれの上にくることになった2期上の先輩というのが、とてつもなくイヤなやつなのだ。

この1ヵ月弱で、おれは25年分の人生以上の罵倒を浴びせかけられ、自尊心をズタズタに引き裂かれた。

でも、耐えなくてはいけない。

サラリーマンというのは、生きるためにお金を稼がなければならない生き物だからだ。

それにこのご時世、そうそういい転職先があるとも思えない。

苦手な先輩くらいで、この安定した地位を捨てるわけにはいかないのだ。

とはいえ、明日もまたあの先輩の顔を見、いろいろ言われるのだと思うと、ため息が漏れる。

「ため息をつくと幸せが逃げちゃうよ」という言葉を聞いたことがあるが、先輩の顔を思い浮かべるだけで条件反射のようにため息が出てしまう。

友達の一人は、「ため息は深呼吸になって、心身がリラックスするから、つけばつくほど幸せになるんだぜ」などと、えらくポジティブなことを言っていたが、とてもそうは思えない。

おれの幸せは、どんどん自分の身からそぎ落とされているような気がする。

またため息をつきそうになったとき、玄関のチャイムが鳴った。

「宅配便でーす」

一人暮らしのワンルームのアパートでは、インターホンなど使わなくても、ドアの外の声は筒抜けだ。

「はーい」

印鑑を持って玄関を開けると、自分と同じくらいの歳の男が、段ボール生地の封筒を手渡してきた。

時々使う、ネット書店のロゴが入っている。

この頃、本を買った覚えはないのだが、とりあえず受け取っておく。

宛先に間違いはないのだから、もしかすると、ずっと前に注文して、入荷待ちだった本でもあったのかもしれない。

封筒のはしをハサミで切り落として中身を出すと、ビニールでパッキングされた本が1冊入っていた。

それは全く見覚えがないタイトルの本だった。

けれど、同封されていた納品書には、自分の名前がシッカリと印字されている。

PROLOGUE

大手のネット書店なのに、こんなミスがあるのか？

おれは他人事ながら、その会社のシステム管理が心配になった。

けれど、パッキングを開けずに着払いで送り返せばいいだけの話だ。先方が送付手数料を負ったとしても、向こうのミスなのだから仕方あるまい。

でも……。

おれはもう一度、その本のタイトルをまじまじと見た。

それは、とてつもなく、うさんくさいタイトルだった。

おれは以前、うさんくさいもので、大失敗したことがある。

「20代で成功して人生を変える！」というキャッチフレーズの、投資のＤＶＤ教材だ。

潜在能力を高める方法と、投資のノウハウを指南したＤＶＤがセットになったもので、

「ダメな自分と思っていても、これで学べば、潜在能力が開発され、仕事がデキるように！　さらに投資によって収入も大幅アップ！　そんなあなたなら、理想の女性と

の結婚も間違いなし！」

そんなうたい文句に魅かれて、気がつけば十数万円の教材を購入していた。

「これさえあれば、すぐに倍以上の収入になりますよ。十数万を惜しんで地味な人生を生きるのと、年収1千万以上稼げる人間になる方法を知って、これから素晴らしい人生を生きるのと、どちらを選びますか？」

……そう言われたら、モトがとれて、なおかつ収入がアップするほうを選ぶのが人情というものだ。

けれど、それだけならまだよかったのだが、続きがある。

特典の無料投資セミナーに参加したら、つい気が大きくなって、先物の金融商品に手を出してしまったのだ。

そしてアッという間に200万円以上、損してしまった。

おれは本当にバカでダメな男だ。

「自己責任で」と書かれていた、小さな文字が憎い。

こんなことは親にも言えず、今も月に5万円ずつローンで借金を返済している。

けれど、投資では大ヤケドを負ってしまったけれど、「潜在能力を高めて人生を変える」というDVDは、たしかにいいことを言っていた。

心の持ちようとかは、日々の仕事でも生かせるかもしれなかった。でも、やればそうなるかもしれないけれど、いざやるかとなったら、「そこまでしないでもいいかな」と思ったら、もうそれから二度と見なくなった。

DVDはタンスの奥深くにしまい込まれたままだ。

今、おれの目の前にある本も、それに近い雰囲気のあるタイトルだ。

しかも自分で頼んでいないことから、「何かの勧誘か?」という疑問もぬぐいきれない。

とはいっても、クレジットカードですでにお金も引き落とされているようなので、勝手に送りつけられたのでもなさそうだ。

それに。

そのタイトルは、今のおれにはひどく魅惑的に映った。

仕事もダメ、彼女もダメ、お金もダメ、腰もダメ。

この本は、ダメダメ尽くしのおれに、天が遣わしてくれた本かもしれない。

それに、高価なDVD教材と違って、1365円なら、ランチを1回抜いたくらいの負担しかない。

おれは、緊張のせいか小刻みに震える手で、ビニールのパッケージを開き、本を取り出した。

この本のタイトルは、こう書いてあった。

仕事と人生が
100倍うまくいく!

「喜び」と「怖れ」の法則

PROLOGUE

おれは、勾玉が二つ合わさったような「陰陽」のマークが入った表紙をめくった。

赤い扉の紙には、またタイトルが書いてあり、もう1枚めくると、こんな言葉が書いてあった。

「あなたは、人生を根こそぎ変えたいと思っていますか?」

もちろんイエスだ。おれはすべてを反転させたい。

さらに、こうも書いてあった。

「もし、そうでなければ、このまま本を閉じてください。
人生を根こそぎ変える覚悟がなければ、決してこの本を読まないでください」

……ずいぶんと気合の入った本だ。

おれも今まで、自己啓発系のノウハウ本をずいぶん読んできたが、そういった類の本というのは、ざっと読んで、「これは」と思うことだけを参考にすればいいものだ、くらいに思っていた。

でもこの本は、そうもいかないらしい。

おれはまたページをめくった。

「本当に、人生を変えたいのですね？

そうでなかったら、あなたは後悔しますよ。

もう一度よく考えてください」

……なんてしつこい本だ。

もしこれが書店にあって、立ち読みを始めてここまで読んだら、この時点で「なんかウゼ～」と思われて、戻されてしまうこともあるんじゃないか？

おれは、おせっかいながらちょっと心配になってきた。

けれど、その商売っ気のなさ？　が逆に信用できるような気もしてきたのも事実だ。

もう1枚めくった。


「この本には、あなたにやってほしいことが書いてあります。

それをすべてやりますか？

やるのでなければ、これはあなたには必要のない本です」


……やることがあるのか。

そうだよな。どんなにノウハウ本を読んでも自分が変わらないのは、読んで「分かったような気」になったとしても、実際には何もやろうとしないからだ。

それは自分でもうすうす分かっていた。

この本を読むためには、「やる」か「やらないか」の二つの選択肢しかないのだ。

そして、よくよく見ると、「やりますか?」とあって、「やる気がありますか?」ではない。

「やる気がありますか?」だったら、実際はやらなくても、「やる気持ちはあったから〜」と逃げられるけれど、「やりますか?」では逃げられない。

この本を読みたかったら、自分が本気になるしかないのだ。

もう1枚めくった。


「本当にやるのですね?

やりはじめたら、必ず最後まで読んでください」


イエスだ。もう戻れない。

さらにめくると、こう書いてあった。

「おめでとうございます。
あなたは、人生を変えられる人です。
では、始めましょう」

こうして、おれの人生を根こそぎ変えてくれるはずの本が始まったのだ。

目次

1 日目（日曜日）

『「喜び」と「怖れ」の法則』

『思ったことが現実になる』

『「喜び」と「怖れ」の法則』一日目

あなたは、自分の人生を根こそぎ変えたいと思っていますね。

それは可能です。なぜなら、あなたがそう思っているからです。

あなたに起こることは、望んだことも望まなかったことも等しく、「あなたが思ったこと」です。

食事をしたのなら、あなたがそうしたいと思ったから。

テレビを見たのなら、あなたがそうしたいと思ったから。

もしかすると、「いや、会社では、やりたいと思わないこともやらなければいけないし」と思ったかもしれません。

たとえば、「上司の自宅に私物を届ける」というような個人的なことを頼まれたら、イヤな気分になるでしょう。

けれど、上司の頼みを断ると面倒なことが起こると考え、イヤだけれどやらなければばいけないと思ったら、そのとおりになるのです。

このように、**あなたに起こることは、あなたが「そうなってもいい」と思っていること**です。

時々、不慮の事故など、「思ってもみないトラブル」が起こることもあります。

けれどそれは、意識の上では思ってもみないことかもしれませんが、「無意識」の上では、「入院して、ゆっくり休みたい」

「これをきっかけに、自分のことを見直す時間が欲しい」

と、思ったことが反映されているのです。

このように、意識の上、無意識の上で「思ったこと」があなたに起こる、ということが一つの法則です。

だから、自分が「何を思うか」が、自分の人生にとても重要であることを覚えておいてください。

……なぁんだ。

おれはちょっとがっかりした。「思っていることが現実になる」というのなら、他の自己啓発本でもさんざん目にしてきた。

イチローが２００本安打記録を伸ばし続けてきたのも、子供のころから、プロ野球選手で活躍する夢を描いていたからだという話だって聞いた。

でも、楽しく会社で働きたいと思っているのに、目の上のタンコブのような先輩はやってくる。

いつかは結婚したいと思っていた相手に、あっさりとフラれる。

そんなこんなで、いつしかおれは、「思っていることが現実になるのは、限定された人だけ」と思うようになっていた。

自分とは無縁の話だと、読み飛ばすようになっていたのだ。

けれど、おれはこの本を読み飛ばしたり、途中でやめることはできない。約束したからだ。

なので続きを読むことにした。

あなたは人生を根こそぎ変えたい、と思っているはずです。

では、あなたが何を思ったから、あなたの人生は、変えたいくらい我慢ならないものになっているのか、もう一度見直してみましょう。

以下のチェックリストをやってみてください。

□嫌われたくないと思っている
□怒られたくないと思っている
□トラブルに巻き込まれたくないと思っている
□フラれたくないと思っている
□お金がないと困ると思っている

なんてイヤミなチェックリストだ。

これにチェックしないやつなんていやしないだろう。

……いや。一人いた。

「フラれるの怖い？　そんなんあるわけないやないか。フラれたらサッサと次の子探せるから、早目に教えてくれてありがとなーって、オレはお礼を言うたよ」

そんなことをぬけぬけというやつがいた。

いや、あれは例外だ。おれとは相容れない人間だからだ。

では、もう一つチェックをしてみてください。

□好かれたいと思っている
□ほめられたいと思っている
□どんなこともスイスイできたらと思っている
□好きな人と結ばれたいと思っている
□お金がたくさん入ればいいなと思っている

……そりゃあもちろん、オールイエスだ。

これにチェックしないやつなんていないだろう。

だが待てよ。

「ほめてくれてあんがとな。でも別におべんちゃらはええよ。オレはほめられたいからやってるわけやない。やりたいからやっているだけや」

こちらがせっかく人間関係をよくしようと下手に出たら、こう言いやがった。

やめやめ、そんなことを思い出してムカつくよりも、先を読もう。

では、最後にこちらもチェックしてください。

□好かれると思っている
□ほめられると思っている
□どんなこともスイスイできると思っている
□好きな人と結ばれると思っている
□お金がたくさん入ると思っている

えっ？　おれは数度瞬きをした。

さっきのチェックリストとほとんど変わらないのに、チェックできないのだ。好かれるかなんて怪しいし、ほめられるかも分からない。できないことも多いし、フラれんぼうだし、ローン生活だし……。

何が違う？　おれはあわてて先を追った。

分かりましたか？　この三つのチェックリストの違いが。
それぞれの最初を抜き出してみましょう。

□嫌われたくないと思っている
□好かれたいと思っている
□好かれると思っている

どれもほぼ同じことを「思って」います。けれど、
一つ目は「嫌われたくない」という、ネガティブなことを否定する望みです。
二つ目は「好かれたい」という、ポジティブなことが起こることの望みです。
三つ目は「好かれる」という、事実です。
これらはそれぞれ現実化するスピードが違います。
思ったことが現実化するのには、法則があるのです。

思ったことが現実になる法則

法則1

ネガティブなことは現実化しやすい

嫌われる、怒られる、けなされる……。これらは起こってほしくないイヤなことです。

けれど、思考というのは、「インパクトが強いものの方が現実化しやすい」のです。

中でもネガティブなことというのは、思うと胸に痛みが走るくらい強烈なインパクトがあるので、その後に「ない」と否定しても、それが無力化してしまい、ネガティブなことがそのまま現実になってしまいやすいのです。

だから「怒られませんように」と思えば思うほど、そのビクビクした態度が怒られることを誘発してしまうのです。

ドキッとした。朝のオフィスで、苦手な先輩と挨拶をするとき、「今日は絡まれませんように」と思えば思うほど、朝からぺしゃんこにやられるのだ。

それは、おれ自身が引き起こしていたのか？

法則②

確信のない願望は願望に終わる

ポジティブなことも、思えば現実化します。けれどそれが「〜たい」という「確信のない」ものだと、現実化しないままに終わることが多いのです。

なぜなら、**「好かれたい」と思うとき、「好かれたいと思う自分」はもう現実になっているの**で、「好かれる」ということは現実化する必要がないのです。

なんだって？　おれはだまされたような気がして、もう一度読み返した。

「好かれたいと思う自分」はもう現実化しているって？

確かに……。好かれたいし、ほめられたいし、モテたい。その願望を持っている自分はここにいる。なんだ？　思うって「願うこと」じゃないのか？

ただ願っているだけじゃ、現実にならないっていうのか？

じゃあ、どうすればいいんだ？

法則③

確信を持って許可できることが最も現実化しやすい

「好かれたい」と願うだけでは、「好かれる」ことは現実化しません。

ではどうすればいいのかというと、「好かれる自分」を確信すること。

「自分は好かれる人間だ」、と心から許可できたら、にじみ出す雰囲気もよくなり、言葉や行動も好感が持てるものになり、その結果、現実でも好かれるようになるのです。

……ショックだった。

おれはさっきのチェックリストの最後を、一つもチェックできなかったのだ。好かれたり、ほめられたり、モテる自分なんて想像もできなかったから。

「思っていることが現実になる」という法則は、イチローだけじゃなくて、このおれにも作用していたんだ。でもそれを使いこなせていなかったのは、自分のせいなんだ……。

だけど、どう考えても、そうそう好かれたり、モテる自分を確信したり、「そうなる！」と許可することなんてできない。

のろのろと、本の先に進む。

けれど、「人生を根こそぎ変えたい」と思っているような人は、そういう望ましい状態にある自分を許可できないために、今の望ましくない現実を受け取っているのです。

なぜ、自分を許可できないか。

それにはいくつかの理由があります。

まずは、「あなたはダメ」と親や他人から言われ続けたために、「自分はダメ」と思いこんでいること。

次に、チャレンジしたけれど失敗したことがあり「どうせダメ」と思いこんでいること。

さらに、やったことがないので、「ダメだろう」と思いこんでいること。

大きなものでは、これらのことが挙げられます。

けれどこの「ダメ」を拒否して、「なる」を許可する方法があります。

教えてくれ！　おれは心底思った。

おれが先輩に好かれていないのはよく分かっている。

「佐々木チャン、もうちょっとマシにならんかいな」と何度もけなされた。

歩み寄ればと、最初のころは話しかけたり持ち上げたりしたけれど、

「佐々木チャン、本心からそう思うとる？」と心の底を見透かされるように言われて以来、その努力を諦めた。

そして、「きっと、もうダメだろう」と、自分か先輩の異動でしか、この状況を変えられないと思っていた。

でも……。

本当は、会社でも評価が高い先輩の仕事のやり方を身近で学びたい、上司にも女子社員にも好かれている先輩と、自分も仲よくなりたいと思っているのだ。


待てよ。

「学びたい」「仲良くなりたい」。

おれはいつも、願望ばかりじゃないか。しかも「ダメだろう」と全然確信なんてありゃしない。それじゃあ、現実にならなくて当然だ。

おれは一体どうすればいいんだ……。

ため息をつきながら、ページをめくった。そこには、答えが書いてあった。

「ダメ」を拒否して、「なる」を許可し、思ったことを現実にする方法

その1 「ダメ」だったのは「思い込み」だと気づく

子供のころや、今まで「ダメ」と否定されたことは、「過去」のことです。

自分の能力も変わっていますし、状況も変わっているのです。

たとえば、子供のころは5キロの荷物も持てなくても、大人になれば片手で軽々持つことができるようになります。

以前はできないことで、今はできるようになったことを思い出してみてください。

あなたは日々、成長しているのです。

「できない」というのは、ただの「思い込み」である場合も多いのです。

確かにそうだ。おれはカラオケが苦手だった。初めて行ったとき、めちゃくちゃ音を外して、さんざん笑われたからだ。

それ以来、誘われても逃げたり、行っても頑なにマイクを拒んでいたけれど、終電を逃して、カラオケボックスで夜を明かすことになったとき、酔っていたせいもあって、よく聴いていて、時々口ずさんでいる歌を歌ってみたのだ。

……すると、自分でもビックリするくらい気持ちよく、友達たちからも「なんだよ、今まで隠してたのかよ」と言われるくらい、うまく歌えたのだ。

それで気づいたのだが、おれが最初にカラオケで歌った曲は、よく知らないし、キーも合わない曲だっただけなのだ。

そのとき、「思い込みって怖いな」と思った。

確かに過去の自分と今の自分とは違う。

「あのときはそう」でも、「今はそう」ではないことも確かにあるんだよな。

その2 ！ すべての人が否定しているわけではない

繊細な人は、誰か一人にでも否定されると、すべての人からそう言われたような気がして、萎縮してしまうことがあります。

けれど、人は「十人十色」。さまざまな感性の人がいるのです。

10人に否定されても、他の人はそうは思っていないかもしれません。

あなたを否定したのは、何人ですか？

また、あなたのことを認めてくれた人は一人もいませんでしたか？

誰かが「みんなが言っていたよ」と言っていても、よく聞いてみたらほんの数名のことがほとんどなのです。

「みんな思っている」ではなく、「あの人はそう思っている」。

そう気づくだけで、心が軽くなりますよ。

day 1 2 3 4 5 6 7

そういえばそうだ。先輩からさんざん「佐々木チャン、本気出しとる？　手ぇ抜いてへん？」と言われてすっかりへこんでいたけれど、先輩が来るまでは、そんなこと言われたことがなかったし、ちゃんと評価もされていたはずなのだ。

確かにおれは「打たれ弱い」。というか、あまり今まで、指摘されたり、注文をつけられたりすることなく、どんなことでもそつなくやってきていた。

だから、自分がやってきたことの別の側面を指摘する先輩の言葉が、とりわけキツくてたまらなかったのだ。

その3 ！

過去の「思い込み」に感謝して手放す

ものを買うときというのは、たいてい値札を見ます。

それは、そのものの価値が、値段に合っているかどうかを判断するとともに、自分の懐具合がそれを許容できるかを確認するためです。

もし、そうすることなく、借金をしてでも好きなものを買い続けたら後々困るはずです。

けれど、「自分には高すぎる」と思って、本当に欲しいものを我慢し続けるのも、心が萎縮してしまうものです。

今まで「こう」と思っていた価値観や思い込みは、以前は自分を守るために必要なものでしたが、自分が変わり、状況が変われば、それを手放してもいいのです。

子供のころは少ないお小遣いでやりくりをしなければいけませんでした。

でも自分で稼ぐようになったら、ちょっと値が張るものでも、自分を引き立たせ、自分の心が浮き立つものを買ったほうが、自分が輝くのです。

「ちょっと背伸びをしてもいいかも」等と、**「いいかも」**と自分に許可してみてください。

それで、心がチクッとしなければ、少し「許可」ができている証拠です。

「好かれると思っている」「ほめられると思っている」「どんなこともスイスイできると思っている」「好きな人と結ばれると思っている」「お金がたくさん入ると思っている」……

これらを許可できなくても

「好かれてもいいかも」「ほめられてもいいかも」「どんなこともスイスイできてもいいかも」「好きな人と結ばれてもいいかも」「お金がたくさん入ってもいいかも」……。

「いいかも」とつけることで、すんなりと心に入っていけるようになったら、あなたの望みは現実化のために大きく前進していきます。

なるほど。「先輩に好かれる」と思うのは、今までのことを色々思い返すと、とても許可できない。

でも、「先輩に好かれてもいいかも」というのなら、思うことができる。

――「思うこと」の大切さというのは、知っているようで全然知らなかったことに、改めて気づかされた。

今までおれが思っていたのは、「先輩に困ることを言われませんように」ということだった。

だから、「困ること」というネガティブでインパクトがあることが、「言われませんように」と否定しても現実化してしまっていたんだ。

おれが本当に起こってほしいのは、「先輩と仲良くできますように」ということだ。

でも、「できますように」では、そう望んでいる自分が現実化するだけ。

だけど「先輩と仲良くできる」と思うにはブロックがあるなら、

「先輩と仲良くできてもいいかも」。そう思ってみるんだな。

これなら、できそうな気がする。

では、1日目の宿題です。

宿題1 「思考のチェック」と「思い替え」

明日この本を開くまでに、生活しているなかで、自分の思考をチェックしてみてください。

◆ネガティブなことを考えていないか
・「～しないように」と考えていないか
・「～になったらイヤだな」と考えていないか
・「～したらダメ」と考えていないか

そして、もしそう考えていたら
◆その逆の、「なって欲しいこと」を考える、
もしくは、逆のことに「いいかも」とつけて思い替える

ということをしてください。

たとえば通勤のとき、電車に遅刻しそうになったとします。
「遅刻しそう！」と思いそうになったら、すかさず
「間に合う！」と思い替えるのです。
また、「ミスをしたらイヤだな」と思いそうになったら、すかさず
「うまくいく、完璧に仕上げられる！」と思い替えるのです。
さらに、「上司に怒られませんように」と思いそうになったら、
「上司にほめられる！」。
もし、そこまでいかないと思ったら、
「ほめられてもいいかも！」と思い替えてみましょう。
そのとき、どんな心の変化があるか、注意して感じてみてください。
それが、『「喜び」と「怖れ」の法則』をマスターする第一段階なのです。

『「喜び」と「怖れ」の法則』！　すっかり忘れていたけれど、この本はこの法則のことを教えてくれる本なのだ。

一体どんな法則なんだ？

すごく気になるが、これは1日ずつ進む本だ。続きは明日の夜までガマンしよう。

「人生を根こそぎ変える」なんて、うさんくさい感じがしたけれど、この1日目の教えだけでも、なんだか少し、自分の周りの霧が晴れたような気がする。

ああ。「自分の人生を根こそぎ変えてもいいかも」。

いいかも。いいかも！

いつもは、日曜の夜は、月曜の始業を思って憂鬱だったけれど、久しぶりに今日は、気持ちのよい夜を過ごせるような気がした。

2 『「喜び」と「怖れ」の法則』
日目（月曜日）

『事象が起こるプロセス』

二葉商事の月曜は、8時15分のミーティングから始まる。

主にオフィス用品を取り扱う中堅会社の第二営業部におれは所属していて、その構成は、営業部長の下に課長、主査、おれのような主任、そして事務員となる。

月曜の朝が早いのは、通常の始業の9時を待たずして取引先から電話がかかることが多いので、その前に週の予定や報告を済ませることになっているからだ。

おれはいつも7時45分には到着するようにしているのだが、昨夜は気分がよかったせいか、ぐっすりと眠れたため、つい寝過ごしてしまって8時15分ギリギリにオフィスに飛び込んだ。

もちろん、電車の中で思っていたのは
「遅刻する……じゃなくて、間に合う、だ。間に合う！」

「部長より遅く出社するなんてダメだろ？　……じゃない、ええと。おれのほうが先！　でも、いつも部長は8時くらいに来てるじゃないか。やっぱりダメだよ。……

じゃなくて！　おれのほうが先でいいかも！」

やっているうちに、気づいたことがある。

それは、「遅刻する」でなくて「間に合う」と思ったときのほうが、なんだか心が軽くなるということだ。

それに、部長のほうが早いか遅いかは、到着してみないと分からない。

だったら、「そうなったらイヤだ」ということを思うよりも、「そうなったらいいな」ということを思っていたほうが、結果はどうあれ、その間、自分の気分がいいのは確かだ。

だから

「……先輩、絶対にイヤミを言うだろうな……」

と、つい習慣のように思ってしまったときも、

「いやいや、かる～く茶化すくらいだ。もしくは、〝お前にしては重役みたいなことをするやないか〟、とかほめてくれてもいいかも！」

そんなふうに思い替えるようにしてみた。

するとなんだか、「そんなふう」になるような気にも、ちょっとだけ……ほんのちょっとだけではあるものの、なってきたのだ。

「思う力」というのは、けっこう侮れない。

それが初めて分かったような気がした。


汗だくでオフィスに着いて、一番最初に目が合ったのが、隣の席の、おれの苦手な平《たいら》先輩だ。

何を言われるか……とビクビクしていると、先輩がニヤッと笑った。

「おはようさん、佐々木チャン。ツイとんなぁ、部長まだ来てへんよ」

本当に⁉　部長席に目をやると、確かにまだ空席のままだ。しかも
「部長より遅かったらなんか言うたろ、思うてたけど、あらかじめメールで遅れることも伝えてきたし、言わんとこ」

「……あ、ありがとうございます」

信じられなかった。

いつもだったら「やる気あんの？」とか「たるんどると違う？」とか言われるところなのに。

もしかしてこれが、「思っていることが現実になる」ということなのか？

しかも、部長も来ていないなんて。

たまたま偶然かもしれないけれど、「思う力」ってすごいじゃないか！


そんなかんじで一日がスタートし、おれは、自分の思考をチェックし続けた。

するとおれは、どれだけ自分がマイナス思考なのかが分かって、ちょっとヘコんだ。

自分の担当会社から電話が入ると、「また何かクレームか？」と思う。

昼食を食べに出ようとしても、「行きたい店が満席だったらイヤだな」と思う。

部長が、1期下の石田と楽しそうに話をしていると、「おれだとつまらないからかも」とひがんでしまう。

確かにおれは、ネガティブなのかもしれない。委縮したつまらないヤツだから、平先輩はおれに絡みたくなるのかもしれない。そんなことも考えた。

でも、おれには、「人生を根こそぎ変える」というミッションと宿題が昨日からあるのだ。

だからどんなにマイナスなことを考えても、そのたびに、

「クレームでなくて、新たな注文かな？」とか、

「絶対に座れて、おつゆがたっぷりと染み込んだお揚げの美味しいキツネうどんを食べられる！」とか、

「おれと話すのもきっと部長は楽しい！」とかいちいち思い替えるようにしてみた。

初めは、反対のことを考えるのにちょっと時間がかかったけれど、慣れてくると、ほんの数秒でネガティブなことからポジティブなことに思い替えられるようになってきた。

すると、確かにクレームも来たけれど、注文のほうが回数は多かった。

お昼も、美味しいキツネうどんを食べられた。

石田と話し終わった部長は、次におれを呼んで、おれもいい感じで部長と話せた。

すると、なんだか自分の行動まで変わってくるのが感じられたのだ。

電話も、「クレームかな」と思うと、「はい、二葉商事です」と受ける声も暗くなりがちだが、「注文かな」と思うと、ワントーン上がって、はきはきとなる。

「いい電話だろう」と思って対応していると、楽しくなってきて、会話もはずむ。

なんだか、すごく楽しい。

それは、おれ自身が感じただけでなく、他の人にも伝わったのか、平先輩が、

「なんや、今日はえらくノッとんなぁ。ええことや」

と、ほめてくれた。

平先輩がおれのことをけなさず、ほめてくれるなんて！

そういえば昨日、「先輩にほめられてもいいかも！」と思った。

それが、たった1日で実現したのだ。

これからどうなるんだろう。これなら、本当に「人生が根こそぎ変わる」かもしれない。

家に帰って、本の続きを読むのが楽しみだった。

『「喜び」と「怖れ」の法則』二日目

昨日の宿題、「思考のチェック」と「思い替え」をやりましたね？

どうでしたか。何を感じましたか？　そしてどんなことが起こりましたか？

「嫌われたらイヤだ」と思うと心が萎縮し、反対に、

「好かれる！」「好かれてもいいかも！」と思うと、なんだか嬉しい気持ちになりませんでしたか？

人によっては、思い替えをしただけで気持ちが軽くなり、さらに思い替えたとおりのことが起こる、ということを経験したかもしれません。

なぜなら、「現実に起こる事象」というのは、ある法則に則っているからです。

事象が起こるプロセス

「思い」↓「言葉」↓「行動」↓↓「現実に起こる事象」

たとえば、あなたが「根こそぎ変えたい」と思っている事象が、「嫌われていること」だったとします。

「嫌われたくない」「嫌われたらどうしよう」……頭の中でネガティブな言葉を思い浮かべていたら、行動も委縮したものになり、現実でも「より嫌われる」ということが起こるようになります。

思うことは、必ず「言葉」で表現されます。

だから、思い替えるときに、「好かれる」「好かれてもいいかも」と、頭の中で「望ましい言葉」を思い浮かべると、気持ちも明るくなって、伸び伸びとすることができます。

そうすると行動ものびやかになって、現実でも「本当に好かれる」ということが、すぐにではないかもしれませんが、起こるようになるのです。

確かにそうかもしれない。

「思うこと」が変わると、頭の中で考える「言葉」も変わる。そして、電話応対のときに話す言葉も、そのときの態度も変わった。「行動」も変わったのだ。そして実際に起こることも変わった。

それに、機嫌良く電話応対をしている自分は、我ながら感じがよかった。もし自分がお客の立場だったら、また何かをお願いしたい、という雰囲気があったように思う。だから、長い目で見たら、それは営業成績という結果にもはね返ってくるかもしれない。

今から、とても大切なことを言います。このことを、決して忘れないでください。
あなたが感じたり、考えている「思い」。
実は、たった二つの動機から起こっています。
それは、**「喜び」**と**「怖れ」**です。

……仰々しい前置きがあったわりに、おれはあまりピンとこなかった。動機が二つだけ、なんてありえない。動機なんて、「不純な動機」だって、「怒りから」とか「嫉妬から」とかいろいろあるじゃないか。

動機が「喜び」と「怖れ」の二つだけなんてありえない、と思うかもしれません。

けれど、私たちが感じるあらゆる感情のもとというのは、突き詰めてみると、この二つに集約されるのです。

まずは「喜び」について説明しましょう。

喜んでいるときというのは、誰でも「いい気分」になります。

喜んで、いい気分になっているときというのは、自分が何かを「得」たり、「ある」というときです。

プレゼントをもらったら嬉しくなるように。ほめられたら嬉しくなるように。

喜び――いい気分――得る・ある

すべてのポジティブな感情は、「得た喜び」からきています。

「感謝」は、何かをしてもらったから。

「楽しい」のは、心がわき立つような出来事を経験したから。

「誇らしい」のは、価値あるものを得ているから。

人は、「得ると喜びを感じる」という習性があるのです。


次に、「怖れ」について説明しましょう。

怖れているとき、というのは、誰でも「イヤな気分」になります。

怖れて、イヤな気分になっているのは、自分が「ない」、「失う」と思っているときです。

貧乏を怖れるのは、お金が「ない」のがイヤだからです。心が離れたと分かっていても恋人にすがりつくのは、「失う」のが怖いからです。

怖れ――イヤな気分――失う、ない

すべてのネガティブな感情は、「失う」怖れからきています。
「怒る」のは、思うような結果を得られなかったから。
「悲しむ」のは、大切なものを失ったから。
「恨み」を感じるのは、自尊心を傷つけられ、損なわれたから。
人は、「ないこと、なくなることに怖れを感じる」という習性があるのです。

……へぇ。そうなのか？

「喜び」と「怖れ」で物事を見るというのは、おれにとっては初めての概念だった。

「ある」と「ない」とで見るのも初めてだった。

そんなものだろうか？

今日のことを思い返してみる。

朝、遅刻しそうになって、焦って、イヤな気分になった。

遅刻する、ということは社会人として評価が下がるということ。つまり、評価が「なくなる」ということだ。

クレームが来る、と考えてもイヤな気分になった。

クレームが来るのは、自分の落ち度、つまり仕事ができ「ない」ということだ。

ランチの店が満席だったら、というのも、席が「ない」ってこと。

そう考えれば、確かに「ない」とか「減る」とか考えると、イヤな気持ちになる。

じゃ、逆はどうだ？

間に合った、というのはラッキーだった。ラッキーなことが「あった」ということだ。

注文が来るというのは、注文を「もらった」ということだ。

席に座れたのは、席を「得た」こと。

本当だ。確かに突き詰めてみると、「ある」と「ない」で分けられる！

でもおれは、まるでキツネにつまれたような気がした。

だってそうだろう？　ものごとって、こんなにシンプルにできているものなのか？

「ある」に気づくと人は喜び、「ない」に気づくと人は怖れを感じます。

あなたが今、「人生を根こそぎ変えたい」と思っているのなら、それはきっと、「ない」のほうにばかりにフォーカスし、怖れを感じて、怖れを避けるために行動していたため、かえって怖れを引き寄せていたのです。

ですから、それを逆にしたいなら、「ない」ではなく「ある」ということにフォーカスすればいいのです。

けれど、そうそう簡単に「ある」にフォーカスすることはできないかもしれません。

なぜなら、人によっては、自分が傷つくことを怖れて、「ない」ほうに考えるクセがついている場合があるからです。

たとえば、子供のころ、テストの点が80点とれそうでも、親には「60点くらい」と言ったことがある人もいるかもしれません。

少なめに見積もっておけば、仮に60点でも失望させることはなく、逆に80点だったらほめられるからです。

また、恋人ができて、とても嬉しいのに、「いつか去ってしまうだろう」と、失ったときの心構えをいつもしている人がいるかもしれません。

そうしておくと、本当に去ってしまったときも、「やっぱり」とショックを受けることが少なくなります。

それは、自己防衛本能です。

けれど、「いつか去ってしまう」というネガティブな思いこそが、そのことを現実に引き寄せる、ということもあるのです。

頭をガンと殴られたような気がした。

これは、おれのことそのものだ。

子供のころ、「野球のスパイクを買ってあげるから、勉強をがんばるように」と言われて、欲しいモデルのスパイクの写真を飾り、めちゃくちゃがんばっていい点をとったけれど、買ってもらえたのは、もっと安い全然別のスパイクだった。

野球部のとき、監督に「お前のことを頼りにしているからな」と言われたので、バッティングを猛烈に練習したら腰を痛め、それであっさりとレギュラーから外された。

「期待しすぎても、裏切られるのがイヤだから」と、いつしかおれはあまり期待しないクセがついていた。

友達も、おれのことがつまらなくなったら、すぐに切るのだろうと、あんまり深い付き合いをしようとしなかった。

涼子と付き合っていたときも、「いつかは愛想を尽かされるだろうな」と、ずっと思っていた。

だから、「優《ゆう》ちゃん、もっと私のこと分かろうとしてよ」と言われても、「どうせやっても……」と、そうしなかった。

それを涼子に見透かされて、別れを切り出されたのも当然だ。

こういったことへの敏感さは、男なんて太刀打ちできないくらい女は鋭い。

そうだ。おれは、いつも「ない」ほうばかりを見ていたんだ。

「裏切られる」というのは、期待したことを得られ「ない」ということだ。

「愛想を尽かされる」というのは、愛情がもともとたいして「ない」ということだ。

ショックだった。

おれは、「得られない怖れ」にビクビクながら生きていた。

そして、「得られない現実」を引き寄せていたんだ……。

けれど、自分が「ない」ほうにばかり意識を向けていたことに気づいても、ショックを受けることはありません。

「ない」にフォーカスしていたら、少しの「ある」でも喜びを得ることができます。

あなたはそうして、「ある」という喜びを敏感に感じ取ろうとしていたのです。

今まで、そうすることで自分を守ってきたのです。

ただ、「ない」にフォーカスしていると、本当は起こってほしくないネガティブなことのほうを現実化してしまいやすくなります。

だから、「ない」ほうでなく、「ある」ほうに意識を向けるようにしていきましょう。

「ない」にフォーカスしていた、今までの自分の思い方を後悔するのではなく、自分を守ってくれたことに感謝して手放したら、これから「ある」ほうにフォーカスすると決めてください。

そうすると、あなたの人生は、「怖れを避ける」ことでなく、「喜びを得ること」に変わっていくのです。

少し、救われた気がした。

おれのダメ人生は、自分のネガティブな考え方のせいだったのかよ！　と、自分で自分を殴りつけたいような気持ちになっていたのだ。

でも確かに、「少なめに見積もる」「最悪のことを考える」ということで、ショックを軽くすることだってできていた。

ちゃんと役にも立っていたんだ。

本にも、「後悔することはない」と書いてある。

大切なのは、これからどうするかなんだ！

「ある」にフォーカスしてみましょう。

「ない」と「ある」は、コインの表裏のようなものです。

「ない」と思っていたときにも、必ず「得て」いるものがあるのです。

もし自分の人生は「ないない尽くしだ」と思っていたとしても、得ているものはあります。

たとえば、「彼女がいない」ということは、「これから彼女を得る機会がある」ということです。

彼女がいない、というと、「ない」というイヤな気分になるでしょう。

けれど、彼女を得る機会があると思うと、「ある」と感じて、いい気分になりませんか？

「彼女がいない」という状況は同じですが、「ある」と「ない」と、どちらにフォーカスするかで、自分の気分を変えることができるのです。

どんなときにでも、「ある」「得る」ということに気がつけば、いい気分になり、喜びがわいてきます。

「ある」「得る」ということにどれだけ気づけるかが、あなたの人生を「怖れ」から「喜び」にシフトさせる鍵になるのです。

では、２日目の宿題です。

宿題 2

「ない」の「ある」を見つける

明日この本を開くまでに、生活しているなかで、
自分がイヤな感覚になったとき、

◆何を「ない」と怖れているかに気づいてください。そして、
◆その「ある」面を見つけてみましょう。

さらに、「ある」を見つけたとき、どんな感覚になるかを感じてみてください。

たとえば、「集金します」と言われて、イヤな気持ちになったとしたら、「お金がなくなる」という、お金が減る怖れを感じていることに気づくのです。

そうしたら次は、「集金されるということは、後でイベントがあるということだ」と「ある」を見つけてみましょう。どんな感覚になりますか？

また、「あなたを見ているとムカつく」と言われて、イヤな気分になったとしたら、

「自分を否定されて、自尊心が損なわれている」という、損なわれる怖れに気づきます。

そうしたら、「あの人はそう思うかもしれないけれど、自分にはいいところもあるぞ」と、自分の「ある」を見つけてみるのです。

思わぬケガをして健康を失ったとしても、それによって「体をいたわる大切さに気付いた」のなら、気づきが「ある」ことになります。

自分の毎日の中の「ある」と「ない」、「喜び」と「怖れ」をじっくりと味わってみてください。

ちなみに、「否定的なことが『ある』というのは、「肯定的なことが『ない』」ということになります。

言ったことを聞いてもらえなくてイヤな気分になった理由が、「不満が『ある』」ということだったら、「納得でき『ない』」ということです。

ここまで読んで、フーッとため息が出た。
……なるほど。「ある」喜びと「ない」怖れか。
考えてみると、おれは怖れてばっかりだったかもしれない。
先輩にいろいろ言われるのが怖い。
仕事で失敗するのが怖い。
フラれるのが怖い。
これ以上、腰が悪くなるのが怖い。
ローンに苦しめられるのが怖い……。
でも。
「ある」ことに気づけば、喜びが生まれる。
いろいろ言われるのは見所があるってことかもしれない。
仕事での失敗は、成長のための第一歩。
フラれたら、次に会う人が楽しみ。

腰は、この前整体に行ったら、デスクワークの姿勢を注意するとラクになると言われた。

２００万円のローンを背負っているけれど、それだって、ちゃんと返せている。サラリーマンの生涯収入は1億円を超えるだろ？　だったらこれくらい、たいしたことないじゃないか。

そうだ。おれは喜びでも生きられる。

「ある」と「ない」。

怖いくらいシンプルだけど、やってみる価値はあるかもしれない。

3日目（火曜日）
『「喜び」と「怖れ」の法則』

『自分の「ある」を見つける』

悲哀のサラリーマンにとって、1日のうちで、「イヤな気分」になることには事欠かない。まずは朝から、電車で足を踏まれて、ムカッとした。

ええとこれは、「自分が被害に遭った」、ということだから「被害を得た」？　あれ、「ある」か？　いやいや、ネガティブなことはポジティブなことが「ない」んだから、「快適さを失った」てことか。

ぎゃっ、もう一度踏んづけやがった。このヤロー！

睨みつけようとすると、気弱そうな華奢な男が、

「すみません、すみません！　足の踏み場が全然なくって！」と高い声で謝ってきた。

そうすると、なんだか気持ちがおさまった。

なんでだ？　あ、「謝罪を得た」からだ。得るといい気分になって喜びになるって、こういうことか！

会社に着くと、課長から、先日提出した資料の不備を指摘された。しょげた。凡ミスだっただけに、よけいにしょげた。

これは、社会人としての自信を「失くした」ってことか。

いやいや、ヘコんでいる場合じゃない。宿題では、そこから「ある」を見つけないといけないんだ。

でも、社会人3年目にもなってもこんなことをしているなんて、オッチョコチョイ、不注意……。ネガティブな言葉ばかり思い浮かんで、「ある」なんて見つけられない。

思わずため息をつくと、

「なんや、落ちこんどんのか」と、隣の席の平先輩が声をかけてきた。

平先輩は大阪出身で、二葉商事の関西支部で、とてもいい営業成績を上げていた。

昨年、東京の本社の第一営業部にきて、この春から、同期の中で一番早い主査へと昇格をした一人。そして、おれのいる第二営業部に異動してきた。

今の、一番身近な上司だ。

2年前に入社研修を受けたとき、平先輩も先輩社員代表ということでそれに関わった。そのため、おれの同期たちは、平先輩のことを、「平主任」とか「平主査」とか言わず、今も気さくに「平先輩」と呼んでいる。

おれも、平先輩が着任したとき「平主査」と呼んだら、「先輩でええよ」と言われたため、会議などの場でない限り、「先輩」と呼んでいる。

とはいえ、着任当初からけっこうキツイことをガンガン言われたため、すっかり先輩のことを敬遠して、この頃では、仕事でよっぽどのことがない限りは、おれから話しかけることもないのだが。

うかつに声をかけたら、また指摘されたりイヤミを言われたりしそうで、極力携帯メールもしない。昨日は、業務連絡以外では初めてくらいの勢いで、「遅れます」とメールを送ったのだ。

「落ち込んでいる、というか、はい。自分の不注意さが不甲斐なくて」

自分の凡ミスを指摘されたことを説明する。これをネタにまたからかわれそうな気もしたが、昨日ちょっとだけほめられたこともあり、なんだか距離が少し縮まったように思って、つい言ってしまった。

けれど先輩は、話を聞くと、フッと鼻で笑ったのだ。

「佐々木チャンらしくて、ええんやないの」

それを聞いた瞬間、カッと頭に血が上った。

またバカにされたんだ！

ええと、分析だ。あれだ、「自尊心を損なわれた」ってヤツだ！

ここになにが「ある」ってんだ？「ない」はだんだん分かるようになってきたけど、「ある」なんて見つからないぞ⁉

そんなおれを見て、先輩が肩をすくめた。

「怒りなや、バカにしたんとちゃうで。そないな小さいことでしょげる佐々木チャンは、小さいことを大切にする偉さがあるなー、思うたんやで」

え？　目が丸くなる。

今、「ある」って言った？

それでもって、ほめられた？

「ま、恥ずかしなるような、アホみたいなミスなのには間違いないけどな。アホ！　ボケ！　カス！　ボケカス！」

で、落とされた！

笑いながら向こうに行ってしまう先輩の後姿を見ながら、がっくりと肩を落とすおれの後ろで、クスクスと笑う声が聞こえた。

「佐々木主任、これ」

ファイルを渡してくれたのは、一期下の事務員の井上さんだ。

「平主査、相変わらずですね。主任がかわいくてしょうがないんですね」

その言葉に、思わず眉がハの字に下がる。

かわいい？　いじめられてるとは思わないのか？

神戸出身の井上さんは、先輩といつも楽しげに話している。

「おれ、関西人のノリって、よく分からないんだ」

「関西人の『アホ』は、『かわいいやっちゃな～』という意味ですから、気にしないでくださいね」

ニコニコして先輩を擁護しているけれど、本当にそうなのだろうか。

「アホ」は100歩ゆずって認めるとしても、「ボケ」とか「カス」とか「ボケカス」までも、「かわいいやっちゃな〜」と解釈してもよいものだろうか？　やっぱり、かなりバカにされてるんじゃないのか？

けれど、さっきの先輩の言葉は、おれが気づかなかったことを教えてくれたように思う。

確か、「小さなことを大切にする偉さがある」って言ったんだ。

凡ミスによって、社会人としての自信を「失った」けれど、ミスしたことを反省せずに無視することがないというのは、やる気が「ある」ってことかもしれない。

そう考えると、おれはダメ社員でなく、ちょっとは見所がある、とも考えられなくもない。

……もちろん先輩が言うように、「恥ずかしくなるようなミス」をするような男なのは間違いないんだけどさ。

でも、「ない」に気づくと、イヤな気分になって、「ある」に気づくと、いい気分になる。それが本当だということだけは、なんとなく分かった。

『「喜び」と「怖れ」の法則』三日目

昨日の宿題、「ない」と「ある」をやりましたね？

どうでしたか、何を感じましたか？　そしてどんなことが分かりましたか？

たとえば、自分が集中して仕事をしようとしたときに、別のことで声をかけられて邪魔をされたら、迷惑に感じてイヤな気分になるでしょう。

そんなときは、「自分の時間がなくなる」という減ることの怖れ、奪われることの怖れが生まれています。

人は、「ある」という状態だと満足し、「ない」という状態だと不満になります。なくなる、奪われるという怖れは、「とられたくない」という身構えた姿勢を生みます。

さらに、「ない」「奪われる」という怖れは、「欲しい」という欲求を生みます。

イライラやモヤモヤといった不快な感情や思いは、「ない」「なくなる」「奪われる」という不満と、欲しいものが満たされていないという不満、このダブルの不満によってどんどん大きくなっていくのです。

88　三日目（火曜日）

なるほど。足を踏まれたとき、おれは「快適さを失って」不満だった。この不満を解消するために、「謝れ！」とか、いろいろな欲求が生まれるんだよな。

謝られたとき、いい気分になれたのは、「謝ってほしい」という欲求が満たされたからでもあるのだろう。

すべての不満は、自分の得たいものを得ていないという、「ない怖れ」と「欲求が満たされない怖れ」から生まれています。

ですから、不満を感じたとき、

「自分は何がなくなること、奪われることを怖れているのか」、

「何を求めているのか」

に気づくことは、毎日の中の不満やイライラをなくすためにとても効果があるのです。

もしかすると、「いや、不満を感じるのは、自分のせいではなく、相手が不愉快なことをするからだ」と、原因は自分でなく他のところにあると思うかもしれません。

たとえば、彼氏や彼女にメールで連絡をしたとき、思いがけず、そっけない反応だったとすると、不安になったりモヤモヤしたりするのではないでしょうか。

さらに、「なんでそんな態度をとるのか！」と怒りがわくこともあります。

そうすると、「相手が悪いせいで自分は怒ったのだ」と思うかもしれません。

それは、間違いではないのですが、本質は違います。

あなたが怒ったのは、「失う怖れを、自分が感じたから」なのです。

きっかけは「相手」の態度かもしれません。けれど本質は、「自分」の怖れです。

そして、「相手の愛情をもっと欲しい」と欲求していることが満たされていないからなのです。

なぜなら、相手の愛情をとことん信じていたら、相手がどんな態度をとったとしても、「すねた態度で、気を引こうとしているのか?」と相手を可愛く思いこそすれ、怒ることはありません。

愛情が「ある」と信じていたら、ネガティブな感情は出てこないのです。

どんなネガティブな感情も、自分の「失うこと、ないこと、奪われる怖れ」「満たされないことの怖れ」からきています。

イヤなことの原因を、他に見つけ、責めたくなることがあるかもしれません。

けれど、どんなイヤな思いも、そのきっかけが他人やトラブルであったとしても、
本当は「自分にはない。足りない」という「自分の思いから出ている」のです。

そうなのか？

自分のことを思い返してみた。

おれは、先輩にボケカス扱いされるのがイヤだった。

先輩が来るまでは、そんなこと言われたことがなかったから、おれが毎日イヤな気分になるのは、100％先輩が悪いと思っていたのだ。

でも、そんな先輩を見ても、井上さんは、先輩がおれのことを「かわいくてたまらないんですね」などと、ぜんぜん否定的に見ない。

それはきっと、井上さんは、先輩がおれに対して悪意がない……つまり、好意が「ある」と信じているからだ。

でもおれは、「ない」と思っている。そして、「もっと評価してほしい」と求めている。

だから、先輩によって自尊心がさらに損なわれるのを怖れ、そして欲求が満たされないからイヤな気分になっている、ということだろうか。

問題なのは、先輩じゃなくて、それくらいのことを怖れて、自尊心が揺らいでしまう「おれの自信のなさ」ということなのか？

別のことはどうだ？

涼子と付き合っていたとき、一番ケンカの原因になったのが、おれの仕事が忙しくて連絡がおろそかになることだった。

「メールをするくらい何分もかからないのに、なんでそれができないの？　私はその程度の存在なの？」

と言われるのだが、仕事でいっぱいいっぱいになっていると、そんな余裕はなかった。忙しいと愚痴るのもカッコ悪い気がした。なので、

「そっちこそ、おれのことを分かってくれよ！」

などと逆ギレしたりしていたのだが、それも、涼子が悪かったんじゃないかもしれない。

ただおれが、余裕のない自分を見透かされているのが怖くて。

こっちのことばかり分かってもらおうと求めていて。

……やべぇ。おれ、ただの小さい男じゃないか……。

こうして、まざまざと見せつけられる己の姿にガックリとくる。

この「人生を根こそぎ変える」という本は、おれを落ち込ませすぎる。

というより、そんなおれだから、根こそぎ変えたい現実がやってきていたということなのか。

いいですか？

自分に起こるすべてのことは、ポジティブなことだろうとネガティブなことだろうと、自分から出ているのです。

イヤな気分になることが、誰かがきっかけで起こったとしたら、その人を責めたくなるのではないでしょうか。

けれどそれは、「自分の感じている怖れ」が喚起されたにすぎません。

人は、本質的に「得る」と満たされますから、「失う」「奪われる」と思うと反射的に怖れを感じ、「取り戻そう」として心が乱れるのです。

だから、この怖れをなくすことができれば、取り戻そうとすることも、満たされない不満も一緒になくなっていくのです。

自分に起こることは、自分から出ています。

ですから、ポジティブなことを起こすのも、自分からできるのです。

それにはまず、「怖れをなくすこと」。

そしてその方法は簡単です。

教えてくれ！

おれは食いつくように先を急いだ。


怖れとは、「ない」と思うこと。

だからその逆、「ある」に気づけばいいのです。

たとえば、財布の中に500円玉1個だけしかないとします。

「これじゃ、ランチも食べに行けない」と、「ない怖れ」を感じたら、不満になります。

けれど、「100円ショップに行けば、パンやおにぎりだけでなく、他の人にもあげるお菓子も買える」と「ある喜び」を感じたら、満たされます。

また、人がトラブルを抱えたため、自分も被害を被ったり、手伝いをやらされたりすることがあるとします。

そうすると、自分の労力や時間が「失われる」と思って不満が起こり、イヤな気持ちになるでしょう。

けれど、「自分も勉強できた」と「得たこと」を見つけると、イヤな気持ちが少し薄らぐはずです。さらに「自分も同じことをする前に、気づけて良かった！」と思えれば、それは「感謝」にまで高まることもあるでしょう。

「ない」に気づくと不満が生まれます。
「ある」に気づくと感謝が生まれます。

得たものを喜んで感謝している瞬間、不満やイヤな気持ちは起こりません。

不満が起こるのは、失ったものを思い出して怖れを感じた瞬間です。

得たことに気づき続ける限り、怖れは頭をもたげてきません。

「得た喜び」に気づくようにすれば、人生が変わっていくのです。

そういえばそうかもしれない。

今日も、先輩がおれのことを「小さいことを大切にする偉さがあるなー」と言ってくれたとき、おれは確かに嬉しかった。

そのとき、いつも先輩に対して感じていたビクビクした思いは消えていた。

ほめられたこと、評価を得たことという「ある」ことが、きっとおれを喜ばせてくれたんだ。

人間関係のトラブルのほとんどは、「奪い合い」です。

自分のほうが足りないと思っているので、相手から奪おうとするのです。

「もっと気にかけてほしい」「言うことを聞いてほしい」「優しくしてほしい」「手伝ってほしい」「感謝してほしい」「謝ってほしい」……。

相手からそれを得られれば満足になるのですが、得られない限り不満になります。

そして相手が快く欲しいものを与えてくれればいいのですが、たいていの場合、相手も「自分が奪われる」と思いますから、綱引きが始まるのです。

問題は、「相手がくれないこと」ではありません。

自分が、自分の「ある」に気づかず、満たされていないことが、この綱引きのきっかけなのです。

ですから、自分の「ある」を見つけてみましょう。

自分の「ある」を見つける方法

その1 今までやってもらったことを思い出してみる

「もっと気にかけてほしい」と思ったなら、「今は忙しそうだけど、前は○○をしてくれたよな」と今までやってもらったことを思い出して、感謝してみる。

その2 自分にできることを考えてみる

「優しくしてほしい」と思ったら、逆に「自分からねぎらいの言葉をかけてあげようかな?」と、自分にできることをやってみる。

その3 ! 自分のいいところを見つけてみる

「感謝してほしい」と思ったら、「感謝されても当然のことをやったなんて、自分ってエラい！」と自分をほめてみる。

そんなふうにして、自分の「ある」を見つけてみるのです。
自分で自分を満たすことができるようになると、相手に求め、引っ張る力が減るので、綱引きが止まるのです。

……やべぇ。おれ、全然できていないかも。

先輩がおれを認めてくれないとか、涼子がおれのことを分かってくれないとか、求めっぱなしだった。

自分なりに下手に出てみたりとか、連絡をとってみたりとかもしていたけれど、それも「こっちの誠意だって認めろよ！」と相手に求めていたからだ。

おれは自分でも、自分がダメだって分かっていたんだ。

だから、「ない」ことを指摘されるとよけいに痛くて。

おれは、自分で自分を全然満たせていないんだ。

だけどおれは、仕事でもミスするし、彼女もいないし、ローンもあるし、腰だって痛めているし……。

ないない尽くしなんだから、求めたくなったって、仕方ないじゃないか！

けれど、「人生を根こそぎ変えたい」と思っている人は、なかなか自分の「ある」や「いいところ」に気づいたり認めたりできないものです。

なぜなら、自分の「ある」や「いいところ」に気づいたり認めたりできないからこそ、ネガティブなことが引き寄せられてきているのです。

ネガティブなことを考えれば、ネガティブなことが引き寄せられてきます。

「自分は、どうせお金に縁がない」と思っていたら、お金は近づくことができません。

逆に「自分は、そのうちお金がたくさん入ってくる人間だ」と思うほうが、お金は近寄りやすくなります。

自分が得ていることや、いいところに気づいたり、信じたりできないと、望むものを引き寄せることができないのです。

「怖れ」の人生から「喜び」の人生にシフトする最大の秘訣は、**「どんなことが起こっても、いいところ、得たことを見つけること」**です。

それは、トラブルであっても、自分の欠点と思うことにでもです。

これができてくると、人生は根こそぎ変わっていくのです。

では、3日目の宿題です。

宿題 3

「奪われそう」なこと、「求めている」ことに気づき、そこに肯定できる「いいところ」を見つける

明日この本を開くまでに、生活しているなかで、
自分がイヤな気分になったとき

◆何を「失ったり奪われそうになった」か、それで
◆何を「求めている」か
に気づきましょう。さらにそのことについて、
◆「いいこと」「得たこと」
を見つけてみましょう。

たとえば、友人の結婚式の招待状がきたとします。それほど親しいわけではないけれど、断るのも失礼なので行くことにしたものの、ご祝儀の数万円を負担に感じたとしましょう。

そのとき、心の中では「お金が減ってしまう」という奪われる気持ち、「自分には充分なお金がない」という気持ちがあり、「お金が欲しい」という欲求があることが分かります。

けれどそれでは、「お金がない」という現実を引き寄せてしまいます。

なので、「でも、ご祝儀分くらいはあるぞ！」とか「幸せな会に招待されるなんて、自分は華を添える存在と思われているからだ！」と、自分がすでに持っていることや、「自分の良さ」を見つけるのです。

そうすると、豊かさや魅力が、引き寄せられるようになるんですよ。

……そうか。そういうことなのか。

おれは思わず納得してしまった。

今まで、ネガティブなことばかりが起こっていたのは、おれが自分自身をダメダメだと決めつけていたからなのか。

そしてダメだから、先輩や他の人に認めて欲しいと求めていたのだけれど、それで得られたのは結局、ダメばかり。

でも、自分がすでに持っているいいところや、出来事のいいことに気づくことが、「いいこと」を引き寄せるのだとしたら……。

やってみるのが楽しみになった。

4 日目（水曜日）

『「喜び」と「怖れ」の法則』

『相手を認める』

その日は、久しぶりに同期4人でランチに行った。

お互い忙しい身だけれど、都合がつくと、時々情報交換も兼ねてやっている。

「佐々木、来週の金曜、合コンに来ねえ？」

お？　久しぶりの合コンの誘いだ。おれもそろそろ、また彼女を作っても……。

「ダメダメ、こいつ、この前てんで盛り上がらなくって」

おれが言う前に、遮るように口を出したのが浅野だ。

くそ！　調子のいい浅野に比べたら、どうせおれは口下手だよ！

ええと、このとき何を奪われている？　そうだ、「男としてのプライド」だ。

だから、「もっとおれを評価しろ！」と求めて、引っ張っているからイヤな気分になっているんだな。

でも、おれが自分に自信があったら、そんなことを求めないはずだ。

そうか、おれが「自信ない」と思っているからこそ、行動も自信がなくて、合コンのときにもあまりしゃべれないってことはあるかもしれない。

だからよけいにモテなくて、さらに自信を失っているんだ。

この負のスパイラルを逆転させるには、何だっけ？　そうだ、「いいところ」を見つけるんだ。

おれはあまりしゃべるほうじゃないけど、聞くのは得意だ。

涼子だって、「優ちゃんは、面白いことを言ったりしないけど、あたしの話はよく聞いてくれるよね」と言っていた。

それはただ、「女はね、ただ、うんうんと話を聞いてもらうだけで満足するんだから、絶対に話を遮っちゃダメよ」と、母親から言われたことを実践していただけなのだが。

ちなみにそれはもちろん、母親自身がそうしてほしいから言っているのだ。

でも、自分の「いいところ」を思い出したら、心がちょっと「ほっ」とした。浅野に言われたことが、気にならなくなったのだ。

同期たちの会話は続いている。

「ばーか、浅野。オメーはアホなことばっかり言って、引かれてたじゃねえかよ」

「あっ、うそ、そんなことねーよ！　でも確かに誰からもアドレス訊かれなかったな……」

「だろ？　佐々木のほうが好感度高かったんじゃね？」

おっと、おれが評価されてるじゃないか！　それはもしかして、おれが心の中で「いいこと」を見つけたから？

もしおれが、浅野に絡み返していたら、この場の雰囲気が悪くなって、そんな言葉は、聞けなかったかもしれない。

「いいこと」を考えるだけで、「いいこと」って本当に引き寄せられるのかも？

それから、午後イチでミーティングがあるという他の３人が帰った後、おれはちょっとゆっくりコーヒーを飲んでいた。すると聞くともなしに隣の３人組ＯＬの会話が聞こえてくる。

「彼がさぁ、近頃全然遊びに連れて行ってくれないのよね」

ああこれは、愛情がないと思って、欲しいと求めているんだな。

「えーっ、ひどい！　淋しいよね」

うーんまぁ、そうなんだけど、彼氏にも事情があるんだよな。

つい、彼氏寄りの意見になってしまう。

「ひどいでしょ。サイテーよね！　それにこの前もさ……」

うわ。どんどんエスカレートしていくぞ。

そうか。「ない」と思うと、もっともっとと底なし沼みたいに求めてしまうんだ。

これも、「自分は愛情をもらっていない」という「ない」怖れから出ているのだろう。

でも、それだからこそ、ますます彼氏にうとまれるのかも。うわ、怖いな。

「じゃあ、私と一緒に行こうよ。車だすよ、どこに行きたい？」

別の声が聞こえた。

「え？　松本が連れてってくれるの？」

「うんうん。どこ行く？」

「あのね、前から気になっていた……」

何だ？　おれは思わず3人にちらっと視線を走らせた。

一人が愚痴を言っていたとき、雰囲気はとげとげしかった。

けれど、松本という人が発言したとたん、空気が柔らかくなったのだ。

彼氏はダメでも、松本さんがいる。自分の持っている人脈のいいところに気づいたから嬉しくなったのかもしれない。

奪われても、求めていても、「いいところ」「得たこと」に気づくと、心が和らぐ。

そして、雰囲気まで一瞬で変わるのだ。きっと彼女たちは、楽しいドライブを楽しめるだろう。

「ない」怖れでなく「ある」喜びに気づくと、変わる。

それが、『「喜び」と「怖れ」の法則』なんだ！

『「喜び」と「怖れ」の法則』四日目

宿題をやってみて、「奪われている」という感覚は分かりましたか？
そして、「いいところ」は見つけられましたか？

イヤな気分――ない・奪われる――怖れ
いい気分――ある・いいところを見つける――喜び

これを実感したでしょうか？
困ったことが起こっても、それで気づいたこと、ためになったこと、役に立ったことを見つけることができたら、それは「いいことを得た」ということになって、喜びになります。

いい気分の人生を過ごすには、イヤな気分になったら、自分の怖れに気づいて、「ある」を見つけること。ただそれをやればいいのです。

ではなぜ、「ある」「得る」ということが、これほどまでに大きなパワーを持っているのか知っていますか？

それは、「ある」というのは、とても根源的なことにつながっているからです。「ある」というのは、別のいい方でいうと「存在を認める」ということですね。

実は「認めること」こそが、自分と世界を作っているのです。

1
2
3
day 4
5
6
7

はぁ？　イキナリの壮大な展開におれは戸惑った。
自分や世界を作るって？　どういうことだ？

思い出してみてください。あなたが人と接していて、傷ついたのはどういうときでしたか？

否定的な言葉を言われたとき？

さげすまれたとき？

仲間はずれにされたとき……？

これらはすべて、「自分を認めてもらえなかった」ということからきています。

人は、自分の存在を認められなかったり、否定されたりしたときに、自尊心を損なわれます。それで深く傷つくのです。

人は「認められる」と喜びます。なぜなら、それが、自分が「ある」ということだから。

そして、それが本来あるべき姿だからです。

なので「認められない」と、耐えがたく感じるのです。

また、苦手な人がいるとします。

人は、自分が思う通りのことをする人には不満を感じません。けれど、そうでない人には不満を感じます。

つまりそれは、相手の考え方ややることを「認められない」からです。

苦手な人、イヤな人、気に食わない人というのは、

「相手が、意に染まないことをするから悪い」

と思っているでしょうが、実は、

「相手のことを認められない」

という、自分の思いから来ているのです。

だから、苦手な人であっても、「でも、あの人にも事情があったんだよね」とか、「人はそれぞれだから」とか、「本当はこちらのことを思ってやってくれたんだ」と相手を認めることができると、イヤな気持ちが薄らぐのです。

人は、人から「認められない」とイヤな気分になります。それは自分の存在を「ない」と否定される「怖れ」につながるからです。

けれど、「認められる」といい気分になります。それは、自分に価値が「ある」という「喜び」につながるからなのです。

それは分かる。おれは先輩に認められていないと思っていたから、嫌っていた。

嫌っていた、というよりも、傷ついていたんだ。

そして、自分を認めてくれない先輩を認めたくなかった。

求めても得られないと思っていたから、嫌っていたんだ。

でも、先輩にちょっとほめられたら、すごく嬉しかった。

それは、おれが「先輩に認められている」と、自分の「ある」を実感して嬉しかったからなのだろう。

ですから、認めてみようトライしてみましょう。


ですから、認められない、と思う時こそ、認めてみるようトライしてみましょう。

イヤなことが起こったときというのは、相手を認めていません。そんなときは

「認めるとしたら？」


と考え、理由を探してみるのです。人の脳というのは、質問をすると、自動操縦のようにして、答えを探そうとし始めます。

たとえば、仲のいい友達が、自分の悪口を言ったとしたら、認められないでしょう。けれど認められずに反論したら、口論が始まります。そして、イヤな雰囲気が、イヤなことを引き寄せ始めます。

ですから「悪口」を認めるようにしてみるのです。

相手を認める方法

その1 ありのままを認める

「そういうところも自分にあったかもしれない」とありのままを認めてみます。

その2 いいところを見つける

「自分の悪いところを教えてくれているのかもしれない」と、いいこと、ためになったことを見つけてみます。

その3 ! 相手の事情を思いやる

「虫の居所が悪かったのかもしれない」と事情を思いやってみます。

その4 ! 人それぞれと思う

「自分はいいと思うけれど、あの人はそう思うのだ」と人それぞれと思ってみるのです。

そうすると、少しずつ認められない気持ちが和らいできます。

相手を否定し、認めないのではなく、

「そういうこともあるかもね」「そうなんだ」と相手を認めてみましょう。

たとえば、ある人は「リンゴを皮ごと食べる」と言います。

でも自分は「農薬がついているから皮をむいたほうがいい」と思っています。

だからといって、「皮は体に悪いよ、やめたほうがいい」と言ったら、相手は不愉快に感じたり、「農薬よりも皮の栄養のほうが大事なのに、分からないなんて」と、自分の主張を認めさせるため、口論に発展するかもしれません。

もし、否定する代わりに、「そうなんだ。私は皮は苦手だけど、それもありかもね」と言えば、相手も自分の言うことを認められて嬉しいですし、和やかな会話が進むでしょう。

認めると、争わなくて済みます。そうして、穏やかな雰囲気は、いいことを引き寄せ始めるのです。

また、会社の給料が下がることを認められないかもしれません。

収入減というのは、「お金=生活」と考えていたら、自分の生活を揺るがされるような恐怖があるからです。

けれど、「認めるとしたら?」と思ってみて、

・「会社も大変なんだよな」と事情を思いやったり、

・「リストラはしないで頑張ってくれているんだ」といいところを見つけたりして

認められたら、怖れや怒りもゆるみやすくなります。

それで腐らずに仕事に励んだら、好評価を得て、昇進することもあるでしょう。

良い悪いをジャッジし、自分の思う通りにしようとする代わりに、「認めること」ができるようになると、すべてのトラブルが飛躍的に改善されていくのです。

1
2
3
day 4
5
6
7

へぇ、そういうものなのか？

でも、確かに認めてもらえると嬉しいし、反論することもないよな。

だけど、相手のすべての意見を認めてしまうっていうのは、なんだか言いなりになってしまうような気もするんだけど……。

ちなみに、認めるというのは、「相手の言い分が正しくて、自分が間違っているとすること」ではありません。「自分が負けること」でもありません。

「正しさ」の価値判断は人それぞれです。

自分はそれが間違っていると思っていても、相手がそれを正しいと思っていたら、それは相手にとっての「正しさ」であり、それを認めないと、争いを起こすだけです。

自分と他人の価値観をすべて一緒にすることはできません。なのにそれをしようとするからトラブルが起こるのです。

認めるのは、**「相手がそれを正しいと思っている」**ということです。

自分はそれを間違っていると思っていてもいいのです。

たとえば、「アイツはなっていない」と他人の悪口ばかり言う人であっても認めることはできます。

心の中で、「あの人はそんな人ではないけれど」と思いつつも、「あなたはそう思っているんだね」ということを認めれば、

「なるほど、そうなんだ」

と言うことはできますね。

自分と相手の価値観を一緒にする必要はありません。

けれど、「あなたはそう思っているんだね」ということを認めるだけで、相手は満たされ、自分の言い分を通そうとしなくなるのです。


では、4日目の宿題です。

宿題 4

「認めない」を見つけ、認めてみる

明日この本を開くまでに、生活しているなかで、
イヤな気分になったとき、

◆何を「認められない」かに気づき
そしてそれを
◆「認めるとしたら」「それでいいじゃないか」と認めてみてください。
認めるヒントは、「ありのままを認める」「いいところを見つける」「相手の事情を推察する」「人それぞれと思う」です。何が起こるでしょうか?

たとえば、ランチがまずくてイヤな気分になったら、「お金を損した！」と思い、「金を返せ！」とか、「もっと修業しろ！」と、求める気持ちがわいてくるでしょう。

それで、「下手なコックを認めていない」ということに気づいたら、「下手なコックでもいいじゃないか」と認めるチャレンジをしてみるのです。
・「こんな味でも経営が成り立っているんだ」とありのままを認めたり、
・「味はともかく、お腹は膨れた」といいところを見つけたり
・「コックが風邪をひいて、よく味が分からなかったのかも」と事情を思いやったり、
・「他に客がいるのだから、この味が好きな人もいるんだ」と、人それぞれと思って、
相手のことを認めてみてください。

また、家の前を通るとすぐに吠える犬にイラッとしたら、「心の平安を奪われた」と思い、「静かにしろ！」と求める気持ちがわいているのでしょう。

そのときは、「吠える犬なんて、いなければいいのに」と、存在を認めていません。

それを、「吠える犬でもいいじゃないか」と認めてみるのです。
・「家族には大切な犬なんだよな」とありのままを認めたり、

・「いつも吠えるのは、自分が無視できない存在だからかも」といいふうに思ってみたり
・「かまってほしいのかな?」と事情を思いやったり、
・「自分は吠えられるのは苦手だけど、犬好きの人は嬉しいのかも」と人それぞれと思ってみましょう。

「認める」というのは「ムリヤリ好きになる」ということではありません。

自分に悪口を言う人や、口に合わない料理を出すコックを好きにならなくてもいいのです。

ただ、**「あの人はそういう人なんだ」**と認めることができると、相手へ求める気持ちが弱まり、心が落ち着くので、それが「いい気分」につながり、いいことを引き寄せるようになるのです。

「嫌いだけど、まあいいか」、まずはそれくらいから「認める」チャレンジをしてみてください。

1
2
3
day 4
5
6
7

なるほど。

認める、なんて考えたこともなかったけれど、確かに、ほめられて嬉しいのは、自分のやったことを認め、評価してもらったからだ。

そして、バカにされて悔しいのは、自分のことを認めてもらえなかったからだ。

逆に、おれは、人のことを認めているだろうか？

嫌いなヤツ、苦手なヤツ。そういうヤツのことなんて、認めていないよな。というか、認めたくないというか……。

そう思うとき、いつも頭に浮かぶのが平先輩だ。

おれのことを、アホとかボケカスとかいうのを聞くと、おれのことを過小評価している、認めていないと感じて悔しくなる。だから、そんなふうに人を否定的に言う人間なんて嫌いだとおれも認めたくなかったのだ。

でも、先輩が仕事でとても有能なのは知っている。

だけど認めたくない……って、やっぱり、先輩がどうこうでなく、オレ自身から出ていることじゃないか。

つまりは、おれの考え一つで、苦手なヤツもイヤなヤツも生まれているってことなんだな。

なのに、ずっとおれは、「あいつがあんなことをするから」って、「人のせい」だと思っていた。

それが積み重なって、自分ではどうすることもできないくらい、根こそぎ変えたいような人生になってしまったのかもしれない。

でも、自分は被害者じゃない。すべては自分から出ていることなんだ。

だったら、「自分」が一歩を踏み出せば、それはきっと、根こそぎ変わるんだ。

この本を開いたからには、「やってやろう！」という気持ちは変わらなかった。

5日目（木曜日）『「喜び」と「怖れ」の法則』

『自分を認める』

時計のアラームではなく、鳴っていたのは携帯電話だった。

時間は6時前。いつもの起床時間よりも20分ほど早い。

誰だぁ？　表示を見ると、「自宅」。

母さんか……。

げんなりする気持ちで、電話をとる。

「優？　朝早くにゴメンなさいね。アンタいつかけても出ないから。さっそくだけど、ゴールデンウィーク、いつ帰ってくるの？」

三人家族の我が家は、ずっと横浜に住んでいたのだが、父親の仕事の関係で、二人は今、金沢に住んでいる。おれは大学から東京に一人暮らしだ。

母さんは話し好きで、誰かれ構わず捕まえると話しこむ。話し出したら、離してもらえない。

それが面倒で、親不孝だとは思うけれど、ついつい家に戻るのも年に数回。電話も極力こちらからかけることはない。

「ゴールデンウィーク、微妙だなぁ。新しく上に来た人が厳しくて、休みの日もちょくちょく呼び出されるかもしれないんだ」

言い訳をしようとすると、

「アンタ、前にも同じようなこと言ってたじゃないの」

すかさず切り返された。さすがに鋭い。

「実は、お父さんが三人で一泊旅行でもしたいと言ってるのよ。新しい彼女、どうせできてなくてヒマなんでしょ」

うう、グサグサくることを……。

母さんは、デリカシーがないというか、歯に衣を着せないというか、とにかくハッキリ言う人なのだ。それが苦手でもある。

……待てよ。苦手、というのは、おれが何かを失ったり、認めていないってことだよな?

彼女がいないって指摘されてグサッときたのは、自尊心が傷つけられたから。そして、「そんなこと言うな！」「もっと違うことを言え！」と求めているからだ。

でも「モテない」と思っているからこそ、モテない現実が引き寄せられている。

そして「デリカシーのない母」も認めていないんだ。

だけど、「デリカシーのない母でもいいじゃないか」って認めてみるんだったな。

そうそう、まずは、「ありのままを認める」だった。

「相変わらずだなぁ、母さんは」

「え？」

「確かにまだ彼女はできてないよ。いっつも本当のこと言われちゃって、かなわないなぁ」

「……アンタ、大丈夫？　具合でも悪いの？」

「そんなことないよ、なんで？」

「アンタ、こういうこと言うと、いつもワーワー言い返すじゃない」

そういえばそうだ。だから疲れてしまうんだ。でも、母さんの事情を考えたら
「母さんは、おれのことを心配してるから言ってくれてるんだよね」

「え？　ま、まぁ……」

あと、いいところを見つけるんだ。

「それに、そう言ってくれるから、おれも、早く彼女を作らなきゃって気になるわけだし」

「そ、そうなの？」

最後は人それぞれだったな。うまく思いつかないから、こんな感じでもいいかな。

「そういう母さんがいて、おれは幸せ者だよ」

すると、いつもだったらすぐにまくしたててくるはずの母さんから応答がない。

声の代わりに、ぐずぐずいう音が聞こえる。何だ？

「母さん？　どうしたの？」

「優、アンタ、なんだか大人になったわね」

え？　もしかして泣いてた？

ビックリするおれの向こうで、

「なんだか、感激しちゃったわ。日程のことは、お前もいろいろあるだろうから、来られそうだったら早目に連絡して。じゃ、会社もあるだろうし、切るわね」

……。

いつもだったら、たっぷり30分は離してくれない母さんが、5分くらいで解放してくれた。

いつも電話が長引いていたのは、おれが母さんを認めなくて、反論ばかりしてたから？

「認める」ってだけで、あの母さんが泣くくらい嬉しくなったのか？

おいおい、「認める」ってすごいことじゃないか！

でも、これはたまたまかもしれない。そんなにうまくはいかないだろう。

けれど、そんなことはなかったのだ。


会社に着くと、事務員の井上さんが青い顔をしてやってきた。

「すみません、佐々木主任。この商品、倉庫の担当者が納品日を1週間間違えていて、まだ届いていないと連絡がありました」

「えっ？　でも事前確認はしてくれたんだろ？」

「それが、すみません。やったつもりで、見落としていました。私のミスです……」

こういうミスをなくすため、必ず事前確認を頼んでいるのに、どういうことだよ！

しかも、数の少ない人気商品。

思わずカッとして責める気持ちがわいてきた。

……でも、落ち着け。倉庫のミスも認めない、井上さんのミスも認めない。おれの「認めない」思いが、おれのイライラになっているんだ。

これを認めるのが宿題だろうが！

まずは、「ありのままを認める」だ。

「分かった、井上さん。つまりこちらのミスで、取引先に迷惑がかかっているってことだよね」

「はい、すみません！」

それから、「いいところを見つける」だ。

「いいよ。このおかげで、おれも、チェック機能の強化をもっとしないといけないって分かったし」

そして「相手の事情を思いやる」。

「この季節は忙しいから、倉庫も井上さんも疲れていたんだよね」

最後は「人それぞれ」だ。

「誰でも、こういうことはあるよ。大丈夫、今からできることするからさ」

「佐々木主任……」

青かった井上さんの顔に血の気が戻ってくる。

きっとおれが、井上さんを認めず責めていたら、もっと青くなってたはずだ。

でも「認める」ことで、笑顔になってきた。

それに、これは在庫が少ない人気商品だから、今からかき集めるのはものすごく大変だけど、手を尽くして頭を下げれば、解決できないことじゃない！

「ほー、佐々木チャン、カッコええやないか」

平先輩がひょいと顔をのぞかせた。

「井上チャン、届いていない商品の型番は？」

「これです、平主査」

プリントアウトした発注書を見た先輩が、ニヤッと笑った。

「あ、これこれ。やっぱり同じや。さっき第1営業部に顔を出したら、ダブって発注したのがある言うてたんや。ウチでもよく出てるヤツやから、もしかしたらと思うたら、ドンピシャや。個数も足りてる。ラッキーやな、佐々木チャン。すぐに第1の山本に連絡せえ!」

「え? あ、はい!」

これも偶然だと思う。こんなうまいことはそうそうない。

でも、あったんだ。

これも「認める」ってことをしたからか?

本を読む前のおれだったら、きっと相手を責めていたと思う。

自分の担当のミスが発覚して、評価が悪くなるのを怖れて、井上さんや倉庫を責めて、謝罪を求めようとしていたはずだ。そして、イライラしながらリカバリーをしていただろう。

でも、そうするかわりに、このトラブルからでも認められることを見つけたら、奇跡みたいなことが起きた。

「怖れ」ではなく、「喜び」に。

変わっている。確実におれの人生が変わってきているのを実感していた。

『「喜び」と「怖れ」の法則』五日目

どうでしょう。「認めた」ことで何かが変わるのを感じられましたか？
どんなことでも、とりあえず認めることができると、心がラクになりませんでしたか？

今朝の、母さんとの会話には驚いた。今まで、母さんの言うことはズバズバしすぎてイヤだった。認められなかった。だから話すのを避けていたんだ。

でも、「認めよう」としてみたら、ちゃんとそれなりに認められる理由も見つかったし、自分でも優しくなれた気がする。

なによりも、おれの言葉に母さんが涙ぐんだなんて、初めてのことじゃないか？

……でも、世の中には認められないことだってあるよな。

もし、「認めることができない」なら、それは「相手が間違っている」と思っているからです。

たとえば、誰かがタバコのポイ捨てをするのを見て、不愉快になったとします。

それは、「タバコのポイ捨てはマナー違反」という価値観を自分は持っているからです。

なので、「間違っていることは認められない」と反発したくなるのです。

もちろん、マナー違反は迷惑行為ですからやめるに越したことはありません。

でも、捨てている相手が知らない人で、注意するのも、逆ギレされたら……とできずじまいのとき、そのことで一方的にイライラモヤモヤしていたら、自分の心ばかりが疲れてしまいます。

そういうときにも「認めること」が有効になるのです。

相手は、「ポイ捨てをしてもいい」と思っているわけです。

それを認める方法として、

「マナーがなってない人もいるんだな」と、「人それぞれ」と思ってみたり、「注意してくれる人がいない、友達の少ない人なのかも」と相手の事情を思いやってみたり、

「ポイ捨てはやっぱりイカンと再確認したな〜」と反面教師とする、「よかったこと」を見つけてみるのです。

そうして、思いやる心が自分には「ある」、このことで学んだことが「ある」と気づくと、認めやすくなります。

相手が友人なら、注意しないと相手のためにならないと、忠告することもできます。けれど、「ダメだ、こうしろ」と人を変えようとしても、相手は「自分のやり方」を認められないことを怖れて、反発します。すると争いに発展することもあります。

そんなときは、

「タバコのポイ捨てしちゃったね。携帯吸い殻入れ、忘れちゃったんだ?」と、責めるのではなく、相手のことを認め、事情を思いやるだけにしておくほうが、すんなり

分かってもらえやすくなります。

また、どうしても認められない、というときは、「あきらめる」ことも有効です。

たとえば、自分が人見知りなのは、子供のころすごくいじめた人がいたからという事情があるとします。もうその人に会うことがないのに、恨みだけを持って、内気でい続けていたら、その人のせいで自分の個性が封じられてしまいます。

そんなときは
「しょうがない。ああいう人だったんだから」

と、「あきらめる」という形で認めてみましょう。

それは、相手のしたことを「正しい」とすることではありません。

人を傷つけるような人というのは、自分自身が傷ついている「ない」がたくさんある人です。誰かを使って自分を満たそうとしている弱いところがあるのです。

それを思いやり、「しょうがないなぁ」とあきらめる形でも許そうとトライするのは、とても素晴らしいことです。

そして心の深いところで、「あんな人でも許せた自分はえらいな」と自分をほめる

ことにもなって、心がゆるやかに満たされていくのです

また、「相手を認めてばかりいたら、相手のためにならない」と思うかもしれませんが、相手がやったことの責任は、ゆくゆく相手自身がとることになります。

相手を変えようとするよりも、まずは自分の見方をゆるめて許すほうが、早く自分がイヤな気分から解放され、心も体も健康になるのです。

「負けるが勝ち」という言葉もありますが、「相手を変えよう」と求めることをやめ、水に流したほうが、自分のためになり、イライラや怖れでなく、「喜び」を引き寄せることができるようになるのです。

なるほどな。確かに社会が悪いとか政治が悪いとか不満があっても、自分がすぐに何かできないことにイライラしても、自分の体に悪いだけで。

だったら、自分で折り合いをつけて認めてしまったほうが、楽だ。

あきらめるってのは、なんだか消極的だけど、会社で理不尽な仕事を頼まれてムカついても、言い返せないんだったら、モヤモヤしているよりも「しょーがない、あの人はああいう人なんだから」って割り切って認めて、サッサと仕事をしたほうが能率もいいよな。

認めるのは、他人ばかりでなく、自分のことにおいても同じです。

人生を根こそぎ変えたいような人というのは、自分のことをなかなか認められません。

他人と比較して足りないところや、理想に届かないところ、やる気がないところ、できていないところ……。

「ない」点ばかりに目がいくので、そんなダメな自分を認められないのです。

でも、「ダメな自分」でもいいのです。

足りないところ、弱いところがあっても、役立たずでも、自分は自分です。

奇跡的な確率の中で世に生まれたのは、生きているだけで価値があるから。

自分の存在が必要だから。

ものを食べ、服を着るだけでも、農業や商業に貢献しています。

自分がいることで、良かれ悪しかれ誰かの心の刺激になっています。

「ありのままの自分でもいいんだ」と認めてみましょう。

必要でない人が、存在しているわけがないのです。

苦しんだり落ち込んだり、人を傷つけてしまうことさえも、それを体験する必要があるから起こっていること。

今はただ、「ダメダメ値ＭＡＸ」の自分を経験しているだけなのです。

傷つく思いをすると、優しい気持ちの大切さを、より実感することができます。

そのためにこういった経験をしているともいえます。

そして何より、「ない」ではなく「ある」を見つけ、「怖れ」でなく「喜び」にシフトするきっかけのためです。

ダメな点に気づくと、「得たいこと」「なりたいこと」がより明確になります。

「怖れを避けるため」でなく「喜びを得るため」に行動していく意欲がわくようになります。

そうしたら、やがて「喜び値ＭＡＸ」の経験をできる自分になるでしょう。

そういえばそうだ。

自分がこんな心境でなかったら、この本を読むこともなかったはずだ。

ダメな経験も必要なこと。

ダメな自分だって意味があること。

だからそれでもいい。

ダメな自分なんて認められなかったし、いいところをなかなか見つけられなかったけど、

「これでよかったんだ」と認めてみると、なんだか、ほっとする。

そうか。自分でも自分を責めていたから苦しかったんだ。

でも、どんな自分でも、必要な経験をしていただけ、と「得たこと」を見つけてOKと認めてみると、なんだか嬉しくなる。

ダメでもOK。

そして、変えたかったら、喜びに向かって動けばいいんだ！

「喜び」と「怖れ」というのは、認めたときにも生まれています。

たとえば、人の仕事を押し付けられたとき、やることを認めたとしましょう。けれど、認めることを、「断ると後々面倒だから」と思ってやったとしたら、それは、争うことを怖れたためにやった行動です。イヤな感情が残ります。

でも、「やると、相手が助かるよな」と思ったとしたら、それは喜びを作るためにやった行動です。嬉しい感情が残るでしょう。

「やる」という行動は同じです。けれどその後「引き寄せるもの」は変わってくるのです。

相手のことを認めるのは、面倒が起こることを怖れるためではありません。認めることは相手を受け入れ、ものごとを受け入れて喜ぶこと。

人は、「ある」「得る」と心が安らぎますから、どんなことでも「ある」と認めることこそが、人の本来の姿なのです。

けれど、自分の価値観に縛られて、認めることができないから苦しむのです。

他人を認めず、自分の我を通すことのほうが満足だと思うかもしれません。
けれど、我を通せば通すほど、やがて自分の価値観に縛られて身動きが取れなくなります。そして周りの人は、あなたを怖れて従うだけになってしまうのです。

1
2
3
4
day 5
6
7

確かにそれはあるかもしれない。

おれが一番初めに配属されたときの営業部長は、イエスマンしか認めなかった。逆らうと面倒が起こる、地方に飛ばされると、みんな顔色をうかがいながら仕事をしていた。

当然、萎縮してしまうし、飲むときは部長をネタにした悪口ばかりだった。あの部長は、「怖れ」で人を支配していたんだ。そしておれたちも、怖れを避けるために仕事をしていた。

だから、次の年に部長が変わって、

「やりたいことがあったら、まずは相談してからどんどんやれ。お前たちの責任はおれがとるから」と言われたときは、なんだかすごく力が抜けたのだ。

そうだ。「この人は分かってくれそうだ」と認めてもらえる嬉しさがあった。

そして、部長にほめてもらえるよう、喜んでもらえるよう仕事をするようになったんだ。

自分の行動が「怖れ」の動機によるものか、「喜び」の動機によるものかというのは、人生の質を決めるためにとても重要です。

よれよれのTシャツを着ているのが、「新しいのを買うとお金が減るから」という怖れか、「ものの命をしっかりと全うさせると気分がいいから」という喜びかでは、のちに引き寄せるものが違います。

仕事をするのも、「給料がないと生活できないから」という怖れを避けるためであれば、上の顔色を見ながら、萎縮して仕事をすることになります。

でも「いろいろなことを学べるから」という喜びを得るためであれば、伸び伸びと仕事ができるし、チャレンジもするし、意欲もわくでしょう。

また、友人から「旅行に行こう」と誘われて、それが思いのほか高いツアーで、迷ったとします。

そのとき、「誘いを断ったら、仲間外れにされるかもしれない」と怖れのために行くのであれば、高い出費に後悔したり、旅行も楽しくなくなります。

いっぽう、「値段以上の体験ができるかも！」と喜びのために行くのであれば、きっと想像以上の体験が待っていることでしょう。

怖れは、不満や不服につながり、さらなる怖れを引き寄せます。

喜びは、感謝や愛につながり、さらなる喜びを引き寄せます。

けれど、よく覚えておいてください。

怖れを避けることも、その奥底には喜びを得るという目的があります。

「お金がないと生活できないから」という怖れによって仕事をしたとしても、それは「お金があると気持ちよく生活できるから」という喜びを求めたいからです。

「誘いを断ったら、仲間外れにされるかもしれない」という怖れも、「今の仲間関係が心地良いから」という喜びを求めているのです。

人は、喜びを求めて生きています。

あなたは、「どんな喜びを得たい」ために行動しているのでしょうか？

・あなたが得たい喜びは？
・何をすると人に喜ばれるのか？
・何をすると自分が喜ぶのか？

喜びの動機を見つけ、それを得るために行動するようになればなるほど、人生は充実し、自分らしく生きることができるのです。

「喜び」というところで、ふいに井上さんの顔が浮かんだ。

今日。朝のトラブルが片づいたとき、井上さんが、おれと平先輩にお礼にランチをご馳走したいと言ってくれたのだ。

平先輩は外出するので缶コーヒーだけもらい、おれと二人でランチに行った。

今まで二人きりで食事をしたことはなかったのだけど、とても楽しかった。

前から感じがいい子だとは思っていたけど、やっぱりそうだったのだ。

それに今朝のトラブルの原因となった事前確認は、風邪で休んで別の人に頼んでいたのが、忘れられていたため。でもその人をかばって、初めは言わなかった。

すっかり感心して、

「おれだったら、開口一番、そのことを主張してたよ」と言ったら、

「そんなことないですよ。今朝、怒られると思ったのに、佐々木主任が全然責めなかったので、すっごく嬉しかったです」とほほ笑まれたのだ。

そのとき、なんだかとても嬉しくなった。

そして、井上さんがまた笑顔になるために、もっと何かしてあげられることはないか、とも思ったのだ。

それは、井上さんに取りいらなきゃ、というような怖れじゃなかった。

井上さんが嬉しそうだと、おれも嬉しくなるから。

だから、きっと話も弾んだんだ。

では、5日目の宿題です。

宿題 5

自分の行動の動機が「喜び」か「怖れ」かをチェックする

明日この本を開くまでに、生活しているなかで、自分が何かをするとき、その動機が

◆「喜び」か「怖れ」か

をチェックしてみてください。そして「怖れ」だったら、

◆「どんな喜びを得たいのか」という喜びの動機を見つけ

◆「それを得るために何ができるか」をやってみてください。

たとえば、朝、髪型を整えるとき、「きれいにしていたほうが気分がいいから」という喜びからやっているか、「きれいにしていないと社会人として恥ずかしいから」という怖れからやっているかをチェックしてください。

そして、「社会人として恥ずかしい」と思っていたのなら、本当は「キレイにして、社会人として胸を張れるようになりたい」という喜びの動機を見つけ、「髪をカットしに行こう」と、できることをやりましょう。

また、「○○さん、今日もキレイですね」と人をほめるとき、心から相手の良いところを認めて言っているか、それとも関心を買っておかないとマズイという怖れから言ったのかチェックします。

「関心を買っておかないと」と思っていたのなら、「人間関係がいいと嬉しい」という喜びの動機を見つけ、「だから、もっとほめてみよう」と行動してみてください。

なるほど。

喜んでやっているときって楽しいよな。

人に何かするときも、相手に恩着せがましく思ったりしないし、もっとやりたい気にもなる。なぜならそれが、自分でも楽しくて、やりたいことだから。

でも、イヤイヤやっているときって、「やってやったのに」とか、お礼を言われないと不満になる。きっとこれも、怖れから出ているんだ。やりたくないけれど、やらなきゃダメなことだからって。

だけど、それも「やったほうが円満だから」っていう喜びのためでもあるんだろう。

だったら、「こうすると人間関係がよくなるんだから、どんどんやろう」って思ったほうが、快くできるよな。

平先輩にボケカス扱いされても我慢していたのは、逆らうと面倒という怖れからだった。

でも本当は、「うまくやりたい」という喜びを求めていたんだ。

だったら、おれは、何をすればいい？

それから、井上さんを笑顔にしたいっていうのは、喜びだよな。

もっと笑顔になってもらうために、何をすればいい？　……って、さっきから井上さんのことばかり思っているじゃないか。

しっかりしろ、おれ！

おれは赤い顔をこすりながら、早々に寝ることにした。

6日目（金曜日）『「喜び」と「怖れ」の法則』

『自分が本当に望んでいることを知る』

「なんや、佐々木チャン、そんなやり方やったら、前年とたいして変わらんやないか。もっと佐々木チャンらしいアイディアはないんか？」

おれはもう、汗だくだった。

平先輩をチームリーダーとして、おれ、そして一期下の石田と三人で作っている、営業促進チームのミーティング。

顧客を増やすための企画を、全社20のチームで出していくのだが、おれはこのミーティングが大の苦手だった。

あまり発想力がないので、前年に成果のあったアイディアにちょっと手直しして提出するのだが、平先輩にことごとくはねられるのだ。

おれは、成果があることを踏襲するのはいいことだと思っている。それでうまくいったことなんだから。

でも先輩は違う。

石田は頭がいいから、けっこう「お?」と思うようなアイディアを出してくるので、先輩の覚えもめでたい。

けれどおれは、毎回、針のムシロなのだ。

おれは今、奪われる怖れにまみれている。

平常心だって奪われているし。後輩の目の前で無能さを指摘されて、自尊心もズタズタ。もちろん、社会人としての自信もだ。

ここで得たい喜びって?

ああ、「認められる」ってことだ。でも、それにはまずおれが先輩を認めなきゃいけないんだけど、何をどう認めるんだっけ?

……焦りまくっている頭では、いい考えなどまるで浮かばない。

「時間やな。今日はここでしまいにしとこ」

時計を見ながら先輩が言うと、石田が「すみません、ちょっと急ぐことがありまして」と足早に出ていき、先輩とおれが残された。

いたたまれない。

おれも立ち上がろうとすると、「ちょお、待ちや」と止められた。

小さなミーティングスペースの空気は、どんよりと重く感じた。

「佐々木チャン見てるとな、指摘されないように、怒られないように仕事してんねん」

ドキッとした。「怖れ」で仕事をしている自分を気づかれていたのだ。

「でもな、仕事ってソツなくこなせばええもんとちゃうやろ。だから、わざと今まで言われたことがなさそうなことつついてみたり、怒らすようなこと言うてみたんや。まぁ、イジメ思われてもしゃあないな」

わざと？　先輩はわざとおれにキツく当たってたっていうのか？

「そら、前任者と同じことや前年と同じことしてたら、間違いはないわな。せやけど、そこで終わりやろ。それで満足してたら、自分がやる価値ないやないか」

確かに。自分らしさはないと思う。

思いつかないんだから仕方ない。

……仕方ない？　そう思っているおれの心はモヤモヤしまくっている。イヤな気分ってことは、怖れがあるんだ。

何の怖れだ？

あぁ、これだ。全力を尽くしていないことを見透かされる怖れ。死に物狂いでやってないってことがバレる怖れだ。

そうだ。今までおれは、いい事例のマネをしていれば、失敗せずに仕事ができると思っていた。

でも、失敗を怖れるのは、「いい仕事がしたい」って喜びのためだよな。

それを、おれは怠っていた。

もっともっと知恵を絞ったり、ビジネス書を読んでアイディアを探そうとしたり、同期のやつらに聞いてみたことなんてなかった。

それを見抜かれるのが怖かったんだ。

それに気づかないようにして、先輩にいじめられているとひがんでいた。

いじめられる怖れを避けようと、取り入ろうとした。

だけどそれも見透かされて、諦めてしまったんだ。そして、先輩がおれに求めていることを知ろうともせず、ひがんだり、愚痴を言うだけで、それ以上の努力をしようとしていなかった。

おれが本当に求めていたのは、先輩と「仲良くしたい」ってことだったのに。

ダメだ、おれ……。

じゃない！　大切なのは、今から何ができるかだ。

おれは先輩と仲良くしたい。そのために何ができる？

そうだ、おれがまず認めないと。ええと、最初は「ありのままを認める」だ。

「ありがとうございます、先輩。確かにおれ、怒られないように仕事をしていました」

それから、「いいところを見つける」だ。

「先輩には、今まで、自分が言われたことがないようなことを言われて、すごく不愉快だったし、ヘコんだりもしました。でも、それでいろいろ気づいたこともあるんです」

そして、「相手の事情を思いやる」だ。

「先輩も、頭が固くて、かわいげのない後輩を何とかしようと思ってくれていたんですよね」

最後は、「人それぞれ」。この場合は使えないかな。だったらおれの希望を伝えておこう。

「おれ、先輩と仲良くなりたいと思ってます。おれは関西人じゃないから、先輩の言うことをうまく受け流すことができなくて、けっこう傷ついて、無口になってしまうんですけど、本当は仕事のこととか、いろいろ教わりたいと思っているんです！」

先輩は、おれがいつになく長い言葉をしゃべったせいか、ポカンとした顔をした。けれどそれは、見る見るうちにくしゃっとなり、ものすごく嬉しそうな笑顔になった。

「嬉しいわ。オレ、めっちゃ嫌われてると思うてたから。今週くらいから、なんや佐々木チャン、一皮むけよったな」

ニコニコと目を細める。それは先輩が、今までおれ以外の人に向けている、と思っていた顔だった。

おれは……。

おれは先輩をすごく嫌っていたはずだ。

でも、それは先輩のせいというより、自分が傷つけられることを怖れていたせいで。

だけどこうして、「得たい喜びを得るためには何をすればいいか」を行動したら、いつもおれを見るとしかめっ面になっていた先輩が笑顔になった。

それを見て、すごく嬉しかった。

そうだ、おれは怖れを避けることなんかじゃなく、喜びを得たいと思っていたんだ。

「佐々木チャン、仕事は何のためにやると思うとる?」

「喜びを作りだすためです!」

思わず即答したら、目を丸くされた。そうして、「ほー」とうなられた。

「なんや、佐々木チャン、よう分かっとるやないか。オレがカッコよく決めたろ、思うたら先に言われてもうたわ」

ビンゴ？　やっぱりビンゴだった？

おれがよっぽど嬉しそうな顔をしたのだろうか、先輩もつられたようにまた笑顔になった。

が、伸びてきた手は、おれの頭をガシガシとなでて、ふんわりとセットしていた髪をくしゃくしゃにする。

「言うことは立派やけど、今んトコ、あんまし実践が伴っとらんやないか。態度で見せぇ、態度で。ボケカスが！」

そのとおりだ。だけど、なんだかこれからは、怖れを避けるんじゃなくて、何をすると喜ばれるのか、何をすると自分が楽しくなるのか、そんなことを考えて仕事ができるような気がした。

そして、先輩の「ボケカス」が、おれに耳にも、やっと「かわいいやっちゃな」という声に聞こえてきたのだ。

「喜び」と「怖れ」。

本には、すべての動機は「喜び」と「怖れ」だと書いてあったけれど、それは本当かもしれない。

息抜きにコーヒーを選ぶとき、自分の気に入ったメーカーにするのは、それが「喜び」だから。

けれど、ランチを食べるとき、食べたい店でなく安い店を選ぶのは、お金を節約しないと、という「怖れ」からだ。

でもおれが節約するのは、「お金を大事に使う」ということが本当の喜びのため。だったら、「今月苦しいから、安いものを食べないと」と思うんじゃなくて、「安くてボリュームがあるところを探すのが楽しい」となれば、なんだか気分がいい。

後ろ向きでなく、前向きになれる。そして楽しい。

今日は花の金曜日だというのに、帰りがけになって面倒な仕事を課長から頼まれた。

ムッとしたけれど、それは「金曜くらい早く上がらせてくれ」というこちらの思い通りにならなくて、認めたくなかったから。自分の労力や時間を奪われることを怖れたから。

でも、仕事を受けたってことは、「上司の命令は聞かないとマズイ」という怖れだけじゃなく、「給料をもらうからには、きちっと仕事をこなす」ことが喜びだからだ。

だったら、「いい仕事をしてやろうじゃないか」と、気合を入れてやることにした。

さらに、「こうしておいたら、もっと喜ばれるよな」ということも加えておいた。するとやっぱり喜ばれた。そして自分の気分もよかった。

それに、井上さんが、いつにも増して、おれに対してニコニコしていたような気がする。

いや、おれのただの願望かもしれないが。

それで、いつもだったら、1週間の疲れがたまってぐったりするはずの金曜日が、今日はやけに清々しかったのだ。

『「喜び」と「怖れ」の法則』六日目

自分の中の「喜び」と「怖れ」に気づくことはできましたか?

日々の出来事の中で喜びを見つける——
・いいことがあれば、それを喜び、
・悪いことがあればそれのいいところを見つけて喜び、
・自分が何をすると喜ぶのかを見つけ、行動し、
・どうすると人が喜ぶのかを見つけ、行動していけば、
「いい気分」になれます。

いい気分になれば、いい気分になることを引き寄せ始めます。

自分に「いい気分」になることを引き寄せたかったら、いい気分になるよう、いつも喜びを見つけ、そのために行動していればいいだけなのです。

あなたは、「人生を根こそぎ変えたい」と思っていたはずです。

それは、いつも「ない」「奪われる」という怖れを避けようとしていたために、かえって「ない」という現実を引き寄せ、イヤな気分になっていたからです。

ですから、

「いい仕事がしたい」

「ステキなパートナーを引き寄せたい」

「収入を増やしたい」

「健康になりたい」……。

そういったこともすべて、「いい気分」になることで引き寄せることができるようになります。

「引き寄せの法則」とは、「思ったことを引き寄せる」ということです。

今あなたの前にやってきていることは、良いことも悪いことも「自分が思っていたこと」です。

1
2
3
4
5
day 6
7

そのとおりだ。
今まで「先輩に怒られる」とビクビクしていたから、そういう現実を引き寄せていた。
でも、自分の思いが変わったら、現実も1週間で変わったんだ。

もし、「求めていること」を現実に引き寄せていないとしたら、自分が思っていたことは、純粋な「喜び」でなく、「怖れ」があったからからです。

「お金持ちになりたい」と望んでいても、同時に、「でも、今はお金がない」「今の会社じゃそんなことムリ」という怖れが足を引っ張っていたら、「望むこと」ではなく、「足を引っ張られて欠けた望み」しか現実にはならないのです。

望みを現実にするには、重要なことが二つあります。それは

・自分が本当は何を望んでいるのかをハッキリさせること
・怖れをクリアにすること

です。

たとえば、「お金持ちになりたい」と思っていたとしても、同時に「お金がありすぎると妬まれるかもしれない」「人生を狂わされるかもしれない」と思っていたら、「お金持ちになりたい」は本心ではありません。

自分が本当に望んでいるのは「適度にお金があること」です。

すると、この時点で、自分の望みが、実は今の現実であることも多いのです。

180　六日目（金曜日）

た、確かに。

一本取られた気がした。

おれも、「もっとお金が欲しい」と言いながらも、実際は「ローンもあるけど、今でもやりくりすれば、やっていける」と思っているんだよな。

やべ。確かに、思ったことが現実になっている。

けれど、もっと「お金持ちになりたい」という願いがあり、それを現実にしたいのなら、「人生を狂わされたら怖い」「妬まれるのが怖い」という、「望ましくないことが起こる怖れ」をクリアにする必要があります。

怖れをクリアにする方法

その1 「自分がそうなるとは限らない」と気づく

妬まれたり不幸になったりするのは他の人の話で、「自分がそうなるとは限らない」と気づけば、自分を阻んでいる怖れが「取り越し苦労」であることがわかります。

その2 自分に許可をする

「お金がもっとあってもよい」「お金持ちになってもよい」と自分を認めてみます。

「お金がもう少しあっても、自分は変わらない」と、少しずつ怖れを越えていきましょう。

その3 「望ましいことが起こる喜び」を感じる

「お金が増えたら、さらに楽しい経験をたくさんできる」

「もっと人生が面白くなる」

「周りの人を幸せにするために遣ったら、妬まれるよりも、きっと喜ばれる」

……。

お金があることによって、もっと幸せで楽しくなれることをイメージしてワクワクします。

そうしたら、喜びのほうが大きくなって、怖れがだんだん小さくなっていくでしょう。


怖れが小さくなれば、「望ましいこと」が起こるようになります。

自分の心に「喜び」と「怖れ」のどちらがあるかを確認してみてください。

「いい気分」ならば喜び、「イヤな気分」ならば怖れです。

イヤな気分になったら、自分の中の怖れのブロックに気づき、「望ましいこと」を思うようにしましょう。

そうすれば、いい気分になり、喜ばしいことが起こる望みを引き寄せることができるのです。

おれにとっての「喜ばしいことが起こる望み」。

それを考えたとき、井上さんの顔がまた浮かんだ。

「関西弁のアホって、『かわいいやっちゃな〜』という意味ですから、気にしないでくださいね」。そう言われたとき、なんだか嬉しかった。

一緒に食事をしたときも楽しかった。もっと話してみたい。もっと笑顔にできたらいいなと思ったのだ。

けれど、そう思うとともに、キュッと胃が縮んだ。

井上さんへの好意に気づくと同時に、もう付き合っている人がいるんじゃないかとか、社内恋愛はこじれたときに面倒、というような、「望ましくないことへの怖れ」が浮かんできたからだ。

まったく「怖れ」というのは、気を抜くとすぐにやってくる。

けれどそれを認められず、喜ばしいことが起こる望みをなかなか許可できない場合もあります。

そんなときは、これらの方法を試してみてください。

怖れをクリアにして、望みを現実する方法

その1 **まずは、今の現実を肯定すること**

その2 **低いハードルを、少しずつクリアしていくこと**

たとえば、大豪邸に住みたい！　と思うとします。

でも、狭いアパートから、いきなり大豪邸を引き寄せるのはちょっと難しいでしょう。

けれど、アパートを掃除したり、片づけたりして、居心地良くすれば、今の住まいでも「ステキなところに住んでいる」と、いい気分になれます。

次に、「ちょっと背伸びしたカーテンを買う」という小さなハードルをクリアしてみましょう。

すると、「自分はこの高級カーテンを使うのにふさわしい」と、だんだん大豪邸に住む人の心構えができてきます。

そういうハードルを少しずつクリアしていくと、現実でも、思いがけない物件に出会えたり、シェアをする形でも素敵な住まいに引っ越せるようなチャンスが引き寄せられてくるのです。

大切なのは、今の自分の状態の中で、できる限りのことをして楽しむこと。

そして、さらに「ちょっとのハードル」をクリアして、喜ぶこと。

そうしていたら、いつの間にか、大きな望みにも手が届くようになります。

「怖れ」はイヤなものですが、実は、「自分が本当に望んでいる喜び」を見つけるために必要なものでもあります。

怖れに気づき、望みが分かったら、それに近づくために、喜びや楽しむ気持ちを大切にしながら、ハードルをクリアしていきましょう。

すべての怖れのブロックが取り払われると、それは、「願い」ではなく、「未来の予約」になります。

そうなると、自分があれこれ手段を講じなくても、「思わぬ偶然」というような、見えない力の応援もやってきて、現実になっていきます。

それが「望みを現実にする方法」です。

おれの胃がさっき縮んだのは、井上さんに「フラれるかも」と怖れたからだ。

怖れているとそれが思ったとおりになる。

本当に望んでいるのは、「おれのことを好きになってくれること」。

だけど、「井上さんがおれを好きになる」

……ダメだ。自信がない。まだ許可できそうにない。

確かに井上さんは、今でもおれと話すとき楽しそうだけど、それは他の人とだって同じだ。井上さんは感じがいい子だから。

だから、ちょっとハードルを下げてみよう。

「井上さんが、快くおれとの食事につきあってくれる」

……よし。これなら自信がある。

ランチをこの前一緒に食べたから、「この前誘ってくれたお礼に」って言えば、自然だ。

それに、その光景を思い浮かべるだけで……、すごく嬉しい。胸がワクワクする。

「おれを好きになる」と考えると、まだチクッとする。ということはまだブロックがあるということだから、これはすぐには現実になりそうにない。

でも、「食事を一緒にする」というのは、チクッとすることはなく、ただ、ワクワクする。純粋に嬉しい。……これが、「未来を予約」しているという感覚なのかもしれない。

では、6日目の宿題です。

宿題 6 現実のチェックと、望むことの怖れをクリアにすること

明日この本を開くまでに、今の自分に「望ましくないこと」が起こっていたら、

◆本心はどうか

◆どんな怖れがあったかをチェックしてみてください。そして

◆怖れのブロックをクリアにするため、今の現実を肯定し、小さいハードルを作り、できることを一つ以上してみてください。

たとえば、「パートナーがいない」としましょう。

口では、「ほしい」と言っていても、心の中で「いると面倒くさいし」「束縛されるし」と思っているのに気づいたら、パートナーがいないのは「望んでいた現実」です。

〝本心〟だと気づけますね。

また「自分には魅力がない」「またフラれるかもしれない」という怖れがあったら、まずは「いやいや、それほどでもない」「前はたまたまフラれたけど、今の自分はそうとも限らない」と今の現実を肯定してみましょう。

そして、婚活パーティではハードルが高ければ、「まずは会社の飲み会に参加する」「異性が参加していそうなサークルに入る」といったことを始めてみましょう。

大切なのは、

・「ないから、なんとかしなくちゃ」という怖れからやるのでなく、

・「こうだったら、楽しそうだな」という喜びのために動いてみることです。

きっと、思いがけない奇跡がやってきますよ！

1 2 3 4 5 day 6 7

思いがけない奇跡。

そこで思い出すのが、発注ミスのとき、平先輩が助けてくれたことだ。

相手を認めて、怖れずに、できることを前向きにしようとしていたとき、確かに思いがけないようなことが起こった。

おれは、天使とか神さまとかよく分からないけれど、不思議な偶然というのは、ないわけじゃない。

「望ましくないこと」。

改めて考えてみると、この1週間足らずで、それらがだんだんなくなっているのだ。

苦手だった平先輩とも、仲良くなれそうな気がする。誘ってもらって、来週は一緒に飲みに行く約束もした。

涼子にフラれたことも、これから井上さんにアプローチするためには、よかったことだ。

ローンがあることも、そのおかげで、やりくり上手になれたってこともあるし、変な買い物もしなくなった。

腰だって、整体師の先生に言われたとおりにしていたら、けっこういい感じなのだ。

そうだ。今、人生が、根こそぎ変わっているんだ。

おれは、震えるような感動を味わっていた。

7日目（土曜日）『「喜び」と「怖れ」の法則』

『喜びの人生を生きる』

朝、大学時代の友人から電話が入った。

2年付き合った彼女と結婚するという。

「おお、おめでとう！　なに？　デキ婚？」

「言うなよ、その通りなんだから。それでさ、式と披露宴に来てほしいんだけど、そのとき友人代表のスピーチを頼めないか？」

マズイ！　おれは、緊張しいなのだ。

それにスピーチがあると思うと、それが終わるまで、気持ちよく飲むこともできない。

「ちょっと考えさせてくれ」と電話を切ったけれど、ああ、これこれ。「望ましくないこと」だ。宿題をやらないと。

まずは、「本心はどうか」だな。

本心は「スピーチなんてやりたくねー！」に尽きる。でもまぁ、すでに3人に断られたと聞くと、おれでよければ、なんて気持ちもないわけではない。

次に、「どんな怖れがあるか」。

カンタン、カンタン。もうおれは、かなりの「怖れチェッカー」だ。

「失敗する」怖れだろ。「恥をかく」という怖れもある。あと、「人生の門出という大切な機会にふさわしい話をおれにできるか?」という怖れもある。

それから、怖れをクリアにして、望みを許可するんだったな。

一つ目が「今の現実を肯定すること」。

そうだなぁ。まぁ、会社でも大勢の前で発表する機会はあるんだから、できないわけじゃないよな。それに、ちょっとカッコ悪くても、暗記できなきゃ、紙を見ながらだっていいんだし。てか、宴もたけなわなら、おれのスピーチなんて誰も聞いちゃいないんじゃないか?

そう思うと、なんだか気が楽になった。できそうな気がした。

そして、「小さいハードルを作り、できることを一つ以上する」か。

そうだな、ちょっとやってみるか。

パソコンを開き、ネットで、「結婚式のマナー」を検索してみる。すると、式のスピーチというのは、5分程度で、お祝いの言葉、自分たちの関係、新郎新婦の人柄が分かるエピソード、そして門出を祝う言葉を言えばいいらしい。

なんか、もっとたいそうなものかと考えていたけれど、そんなものでいいんだな。

それに、面倒見がいいあいつのエピソードっていったら、あるある。5分じゃ足りないかも。

ホームページに載っていた例文に、エピソードだけ変えて文章を作ってみる。半分以上が例文ってこともあるけど、これなら、恥ずかしくない文章だ。

それをプリントアウトし、読み上げてみた。

できるじゃん！

すぐに電話をして、「引き受けさせてもらうよ！」と言ったら、次のヤツにも断られていたようで、すごく感謝された。

いいじゃないか、おれ！

気分がハイになったので、その勢いのまま、携帯でメールを打ち始める。

相手は、井上さんだ。

「ちょっと話したいことがあるので、いい時間にメールくれませんか?」と、送ってみた。

部署の人間の携帯メアドはいちおう共有している。

でも今まで、こんな私用でメールしたことはなかったのだけど。

二人で食事する約束をとりつける、なんてハードルが高いかもしれないけど、勢いだ、勢い!

しばらくすると、「いいですよ~♪　そちらはどうですか?」というメールが入ったので、深呼吸をしてから、電話をかけた。

「井上さん?　お休みのところ、ごめんね。今忙しくない?」

「大丈夫ですよ~。どうしたんですか?　急ぎの仕事?」

「いや、仕事のことじゃないんだけど、いいかな?」

「はい?」

「この前ランチをご馳走してくれてありがとう。で、そのお礼も兼ねて、今度食事でもどうかなと思って。ちょうど行ってみたい店があるんだけど、男同士で行く雰囲気じゃないから」

「えー？　オゴリですか？」

「もちろん！」

「でも、ランチは私からのお礼だったんですよ」

「あれはもともとおれの仕事だから、お礼なんてかまわなかったんだよ。でも気持ちだからありがたく受け取らせてもらって、近々こうしてお返しをさせてもらおうかと」

「えー！　なんかカッコいい～！」

なんだか、いい感じだ。話していても楽しい。

きっとおれが、「好かれなきゃダメだ」という怖れる気持ちで、気を引こうとしたり、好意を押し付けようとしていないからだ。

井上さんに、気軽に楽しく誘いに乗ってもらうにはどうしたらいいかと、「喜び」で行動しているからなんだろう。

「水曜と、金曜以外なら大丈夫ですよ」

「じゃ、店の予約が取れたら、また連絡するね」

「楽しみにしています〜！」

「ちなみに、食事に誘っても、彼氏は怒らない？」

「やだー、彼は今いませんよ。さりげなく探りましたね？」

あちゃー、バレてる。やっぱり女は鋭い！

「佐々木主任こそ、新しい彼女ができてるんじゃないですか？」

「できてないよ」

なんだ、お互い、今フリーなんじゃないか！

思い切って聞いてよかった。ハードルを跳んだ甲斐があった！

もう少し、ハードルを高くできるか？

「じゃあ、この週末って、忙しい？」

「今日はこれから出かけるんですけど、明日の午後なら空いてますよ」

「じゃ、デートしない？」

「いいですよ〜！」

よし！　これもクリアだ！

明日の2時に待ち合わせる約束をして、電話を切る。

こんなこと、1週間前には想像もしていなかったことだ。

気持ちに余裕がなくて、先輩のことや仕事のこと、ダメダメだと思っていた自分のことで頭がいっぱいで、井上さんのことに気づきもしなかった。

でも今は。

「彼女がいないとカッコ悪いと思われる」なんて怖れじゃなくて、「井上さんといると楽しい」という喜びのために行動できる自分がいる。

結婚式のスピーチだってそうだ。先週だったら、「おれはダメなヤツだから、できるわけがない」とハナから受け付けなかったはずだ。

今は違う。

おれはおれのままだ。別の人間になったわけじゃない。

けれど、自分が「ある」や「喜び」を意識するように変わっただけで、人生も変わってきたのだ。

夕方、明日着ていく服を買おうと駅ビルに入ったら、オープン10周年セールをやっていた。

3000円以上買うと福引ができるという。

シャツを買ったら、1枚福引券をもらうことができた。

福引コーナーはけっこう並んでいる。

1等がハワイ旅行にカップルでご招待。2等が1万円の食事券、3等が3000円の商品券で、4等はボールペン。

ハワイは無理だとしても、食事券が当たったらいいな、と思って最後尾に並んだ。

そこで気がついた。

……なるほど。「ハワイは無理」と、最初から諦めてるんだな、おれ。

それじゃあ、当たるわけないよなぁ。

こんなふうに、自分には「思いぐせ」というのがあることにも、今まで気づいていなかった。

現実は、この無自覚な思いによって引き寄せられていたというのに。

列には、親子連れも何組か並んでいた。小学生の男の子が、福引券をお父さんからもらって、福引のハンドルを回す。

「4等でーす！」とボールペンの箱を手渡されると、

「ちぇっ、ハズレか。だらしないな」とお父さんがつまらなさそうに言った。

そんな言い方しなくても、と思ったそばから
「なんてことを！　アンタはいつも言葉がキツイのよ！」と横にいたお母さんが注意をする。

「なんだと？」

「やめてよ！　ボクがいけないから……」男の子がしょんぼりとする。

なんだか悲しい光景だった。

並んでいる人たちの雰囲気までも、心なしか固くなったような気がした。

そうこうするうちに、だんだん順番が近づいてくる。

自分の前が、また家族連れだった。お父さんとお姉ちゃんと弟だ。お姉ちゃんが福引のハンドルを回す。

「4等でーす!」と、ボールペンの箱が渡された。

「よかったな、ボールペンもらえて」お父さんがニコニコして言うと、

「うん! でも修兵にあげるね。一つだけだから」と、弟の手に握らせると、弟の顔がパッと輝いた。

見ているだけで、なんだかいい光景だった。

おれの番がきて、ハンドルを回すと、案の定4等だった。

見ていると、今まで4等以外のものが当たっていないのだ。この福引会は。

おれはそれを持って、まだ近くにいたその家族を追いかけた。

「すいません、あの」

知らない人に声をかけられ、怪訝そうな顔をしている家族に、

「このボールペン、よかったらお姉ちゃんのほうに。おれはいいんで」と、差し出した。

お姉ちゃんがお父さんの顔をうかがうと、メガネのお父さんはニッコリして軽く頭を下げた。

「ありがとうございます。桃、お礼を言いなさい」

「ありがとうございます！」

お父さんに似た顔の少女も笑顔になって、ペコリと頭を下げて受け取る。

そして弟と二人で、楽しそうにボールペンの箱を見せっこしながら歩いて行った。

なんだか、おれの心まであたたかくなった。

そうか、これも「喜び」と「怖れ」なんだ。

初めのお父さんは、きっと無意識に、「満たされていない」という怖れがあったのだろう。だから当たりを求めて、ハズレを認めなかった。

そしてそのキツイ口調に、お母さんの不満がわいて、二人のその争いに子供がおびえて……。

でも、後のお父さんは違った。

きっと心が満たされているから、ボールペンであっても「よかったな」と、いいところを認められたのだ。

だから、娘さんもそれを感じて、弟に対して思いやりの気持ちがわいたのだろう。

同じボールペンでも、反応が全然違う。

自分のとる行動というのは、家族や周りの人にも波及していくものなんだ。

自分が「怖れ」でなく「喜び」でいることは、自分だけの問題なんじゃない。

そうだよ、昨日の仕事だってそうだった。自分が喜びを持ってやったら、受け取った相手だって喜んでいた。

そうか、「喜び」に生きることは、自分のためだけじゃないんだ。

『「喜び」と「怖れ」の法則』七日目

いよいよ最終日ですね。
この1週間で、『「喜び」と「怖れ」の法則』を、感じることができたでしょうか？
そしてあなたの人生は根こそぎ変わりましたか？

1 2 3 4 5 6 day 7

208　七日目（土曜日）

変わった！
おれは心からそう思う。

- **自分の思いが、自分の現実を作っている**
- **「ない」という怖れに気づき、「ある」という喜びのために行動する**
- **どんなことにも「いいこと」があると認める**

これらのことを意識するだけで、「喜び」に気づくことができます。

「ない」と思うと萎縮し、欲しい、奪いたいと思い、それが満たされないとイヤな気分になります。

けれど、「ない」わけがないのです。かならず「ある」面もあるのです。

いいことも、悪いことも認めることができるようになると、物事を大きく受け止められる、動じない人になります。

それは、悪いことからも、ためになったこと、学んだことを見つけることができるので、いいことに転換できるからです。

そして、認めることができる人は、人から好かれます。

なぜならどんな時でも、自分を否定せず認めてくれる人といると、心が安らぐので、その人を好きにならずにはいられなくなるからです。

幸せなパートナーシップを築く鍵も「認めること」です。

もしあなたが、「愛されたい」と思うのなら、まずは認めてみてください。

相手のことを否定せず認めること。

悪いところがあっても、それに至る事情を思いやり、いいところを見つけるようにしてみましょう。

人を好きになると心が温かくなるのは、相手の良さが「ある」と認められたからです。

それは同時に、自分の中に「人の良さを認められる力がある」という喜びが生まれているからでもあります。

人の「ある」を見つけ、認めることができればできるほど、それを認められた自分を好きになることができます。

人を認めることは、自分を認めることでもあるのです。

自分と他人とは、別の体を持って、別の心を持っている、別の存在だと思うかもしれません。

けれど、「もとは一つ」と思ってみてはどうでしょう。

だから、「つながり」を断たれると怖れが生まれ、「つながり」を実感すると喜びが生まれるのです。

もとは一つだからこそ、人から認められず、つながりを感じられないと苦しくなります。

逆に、認められると、つながりを思い出して嬉しくなるのです。

もし、輪廻転生という生まれ変わりを認めるとすれば、自分は今までにいろいろな人生を経験したことになります。

過去には、人をだましたり、傷つけたり、あやめたりしたことがあったかもしれません。

そう思うと、**現在自分のそばにいる気に食わない人も、過去の自分と同じなのかもしれないのです。**

「どんな人も自分かも」と思ってみると、人に優しくすることは、自分に優しくすることと同じになります。

敵に優しくするのも、味方に優しくするのも、自分自身にすることと同じになります。

そう思うと、敵のように思っている人を許したり認めてみるのも、ちょっとできやすくなりませんか？

親切にすれば、親切が還ってきます。

認めれば、認められる人になります。

愛すれば、愛される人になります。

人を大切にすることは、かけがえのない自分を大切にすることでもあるのです。

また、人は、「成果を出さないと」「高いお金を稼がないと」「評価されないと」、価値がないと思ってしまうことがあります。

それで他人に対してきびしい見方をしたり、できない自分を責めてしまうのです。でも「できないことには理由があるんだ」と思いやったり、「ダメでもいい」と認めることができると、求めることがなくなります。

そうして人を認められると、思いやりがわいてきます。さらに自分を認められると、安心感がわいてきます。その温かい気持ちが、「愛」なのです。

愛というのは、自分に足りない愛情を引っ張り合うものではありません。相手のことを思いやり、認め、相手の喜びを願うことです。

けれど、つながりを感じられないと、愛情を求めようとしてしまいます。「私と仕事とどちらが大切なの？」と言いたくなるのは、愛情がないことや、つながりが切れることを怖れているからです。そして愛情を奪って自分を満たそうとするのです。

でも、つながりを感じていたら、自分が人に愛情を与えれば与えるほど、自分に還ってくるのが分かりますから、快く、相手の幸せを願う、喜びによる行動ができるようになるのです。

そうかもしれない。
「愛しているから、愛し返してほしい」という「愛」というのは、愛情を実感できない怖れによるエゴなんだろう。

赤ちゃんなんて、お乳をもらっても、おしめを替えてもらっても、「ありがとう」も言えないし、「肩を揉みましょうか」なんてことも言えない。

だけど母親が自分の身と時間を削って世話をしてくれるのは、見返りを求めない心があるからだ。それこそが「愛」なんだろう。

そう思うと、もっと母さんに親切にしないといけないないなと思う。

こんど帰るときは、花束でも持って帰ろうかな。

そうしたら、きっと……喜ぶ。

それを想像したら、心があったかくなった。きっとこれは、今おれから、思いやりや愛が生まれているからなんだろうな。

そして、あなたが喜びに生きるのは、自分のためだけではありません。

たとえば、家族で車に乗っているとき、急に横入りをされたとします。

運転手のお父さんが、運転を妨げられたことで
「なんだあの野郎は！　マナーがなっていない！　ロクなもんじゃないな。バカ野郎めが！」と言い始めたとします。

それを聞いた助手席のお母さんが、

「横入りはよくないけど、そこまで口汚く言うことないんじゃないの？」と責めます。

すると「何だお前は！」と口論が始まります。それで助手席の子供が
「やめてよ、二人とも！」と泣き始めたとしましょう。

お父さんの、運転を妨げられたことによる罵声で、お母さんは心の平安を奪われ、口論によって、子供は楽しい雰囲気を奪われる……。

奪うことは、奪うことの連鎖を始めます。

それが、「同じものを引き寄せる」という「引き寄せの法則」でもあります。

逆の場合を考えてみましょう。

急に横入りをされても、お父さんが「驚いたけれど、まあいいか。急いでいるのだろうし、これで間に合えばそれにこしたことはないから、いいことができたね」と言えば、お母さんが「あなたは心が広いのねぇ」とほめはじめ、それを聞いた子供が「まったく仲がいい二人なんだから」とあきれながらも、楽しいドライブが続きます。

イヤなことでも、いいこと、得たことに気づけば、いい気分になります。するとそれがいい気分になることを引き寄せていくのです。

起きたこととの「いいところ」を見つけ、それを認めると、自分のまわりもいい気分にしていくことができます。

それは、「すべては一つ」だからできることでもあります。

世界とつながっているあなたには、世界を変える力があります。

あなたには、大きな影響力があるのです。

そうだ、これは今日の福引会場で感じたことと同じだ。

自分が満たされていることに気づき、いい気分であったら、いい感じの行動ができる。そしてそれは周りにも影響するんだ。

まわりに、つながっていくんだ！

自分が得ている、満足している、ときというのは、必ず「感謝」の気持ちがあります。

なぜなら、「ありがとう」「おかげさまで」と言うときには、自分に喜ばしいことが「ある」と認めているからです。

「ありがとう」とたくさん言えば言うほど、いいことがやってきます。

それは、「ありがとう」と言っただけ、相手は認められて嬉しい気持ちになるし、言った自分も、相手を認めることができた自分を好きになれるからです。

自分に起こることは、自分から出ています。

自分の思い、言葉、行動を、「怖れ」でなく「喜び」のためのものにしていけば、人生は必ず変わるのです。


けれど、どれだけ「喜び」にフォーカスしていても、「怖れ」はやってくることを覚えておいてください。

この本の表紙を見てください。陰陽のマークが書いてありますね。

世界には喜びと怖れが半分ずつあります。

そして、白い勾玉の形の中には、小さい黒い●があります。「ある」ということは、「なくす」という怖れを内包していることでもあります。

また、黒い勾玉の形の中にも小さい白い○があります。「ない」ということは、「得る」という喜びを内包しているからです。

毎日が、喜びいっぱいであるといいです。

けれど、怖れはなくなりません。でもそれでいいのです。

なぜなら、怖れがあるからこそ、「自分が本当に望むこと」「求める喜び」が分かるから。

「怖れ」に気づき、そこから「望むこと」「喜び」を見つけることこそが、自分の世界を変えることにつながるからです。

怖れに気づき、喜びのために行動し、つながりの中心である自分を大切にし、つながっている周りの人を大切にすること。

そうしていけば、望むことはすべて引き寄せられます。
そして自分の世界は幸せでいっぱいになります。
それが、『「喜び」と「怖れ」の法則』なのです。

では、7日目、最後の宿題です。

宿題 7

「怖れ」でなく「喜び」の人生を生きましょう。

これから、

・「ない」でなく「ある」を見つける
・「いいところ」を見つける
・事情を思いやる
・「怖れ」でなく「喜び」で行動する

これらのことをしていってください。
そうする限り、あなたの人生は、今後もう二度と「根こそぎ変えたい」と思うようにはならないでしょう。

「ない」を数えると不幸せになりますが、「ある」を数えると幸せになれるのです。

よく最後まで読み切りましたね。
素晴らしいです。
あなたの人生は、すでに根こそぎ変わったのです。

最後の一行を読み終わったときに、思わず、身ぶるいがした。
確かに、おれの人生も根こそぎ変わったのだ。

それから

本を読み終わって、数週間が経った。

ニュースとお詫びメールで、おれの使っているネット書店がシステムエラーを起こし、1000件くらい、別の人の注文を誤配送してしまったということが分かった。

それで、この『「喜び」と「怖れ」の法則』がおれの手元にやってきたのだ。

ところが、半数以上の人が、返品しなかったそうだ。きっと、誰かが読みたがっている本は、別の人にも役に立つ本でもあるからなのだろう。ちょうど、おれと同じように。

そして、おれと井上さんは付き合い始めた。

もう、涼子のときのように、相手の愛情を試したり、引っ張ろうとしたりすることはしない。

これからどうなるかは分からない。でも望ましくないことが起こるのを怖れるよりも、望ましいことが起こる喜びを考えながら、一緒に出かけたり、食事をしたりしている。

するとやっぱり、いつも楽しいんだよな。

井上さんは、ほんとうにかわいいし……。へへ、ついのろけてしまった。

平先輩には、今も相変わらず、からかわれている。

でも、前のように「どうせ」なんてすねたことを考えたりはしない。おれのことをバカにしているとも思っていない。

先輩のおれに対する気持ちを、思いやれるようになったからだ。

今は自分がどんな仕事をしたいのか、そのために何ができるのかを考えて、自分が楽しくなるような、そして相手に喜ばれるような仕事ができるようになってきた。

もちろん、失敗することもある。

でも、先輩がフォローをしてくれるんだ。

まだまだ、日常でうまくいかないこともある。

そのたびに、この『「喜び」と「怖れ」の法則』を読み返している。

本には、すべての動機は、「喜び」と「怖れ」でできている、と書いてあった。

その中で、どれだけ、怖れの中の喜びに気づき、そのために動けるか。

それが自分の人生を決めていく。

確かにそのとおりなのだ。


携帯が鳴った。

「あ、母さん？　電話ありがとう。おれも連絡しようと思っていたんだ。今度また、そっちに帰るよ。それで……」

母さんの声も弾んでいる。

父さんと会うのも楽しみだ。

外は、爽やかな初夏の風が吹いていた。

227 それから

EPILOGUE

【著者】

恒吉彩矢子（つねよし あやこ）

ハッピーライフ・セラピスト。

東京女子大学文理学部卒業。

ＯＬ時代にストレスに悩んだことをきっかけに、アロマセラピー、整体、心理学、カウンセリング等を学び、同じような悩みを抱えている方のお役に立てればと、リラクゼーションサロンを開業。

現在までに、のべ5000名以上に「心と体を健やかにする」アドバイスや施術を行い、多くの方から「気持ちが楽になった」「自分の心と体を上手にコントロールできるようになった」と好評を得ている。

さらに、多くのクライアントや成功者と接するなかで、なぜ「うまくいっている人」「うまくいかない人」がいるのかに興味を持ち、「ツキとハッピーを引き寄せる法則」の研究を行う。

2004年に『ツキの天使がやってくる秘密のレッスン』（徳間書店）を出版。

現在はサロンを経営しながら、ブログ、メルマガ、書籍、講演活動を通じて、自分らしく幸せに生きるためのメッセージを発信している。

著書は、『運のいい女になれる101の習慣』『お金と人に愛される101の習慣』『「なかなか前向きになれない」と思ったときに読む本』（中経出版）、『誰からも好かれる人になる　魔法の「ほめ力」』（学習パブリッシング）等多数。

著者のHP　http://www.tsukiten.net/

※著者印税の10%を、日本赤十字社を通じて「東日本大震災」の支援のために寄付させていただきます。

仕事と人生が100倍うまくいく！「喜び」と「怖れ」の法則

2011年5月24日　第1刷発行

著　者　恒吉彩矢子

発行人　松村徹
編集人　松隈勝之
発行所　きこ書房
〒163-0264 東京都新宿区西新宿2-6-1　新宿住友ビル22階
電話　03（3343）5364
ホームページ　http://www.kikoshobo.com

カバー　井上新八
本文デザイン　中村裕美

印刷・製本　株式会社シナノ

　ISBN:978-487771-277-8